国家示范性中等职业学校重点建设专业教材

汽车喷漆理实一体化教材

中国汽车工程学会　　组织编写
葛建峰　叶诚昕　主　编

人民交通出版社股份有限公司
China Communications Press Co.,Ltd.

内 容 提 要

本书主要内容包括：汽车涂装基础知识、安全防护、底材处理、原子灰施工、喷枪清洗与保养、中涂底漆施工、面漆施工、喷涂技术—板块内过渡驳口喷涂、颜色微调。

本书可作为中等职业学校汽车车身修复专业教学用书，有关技术人员也可参考使用。

图书在版编目（CIP）数据

汽车喷漆理实一体化教材/葛建峰，叶诚昕主编.
－－北京：人民交通出版社股份有限公司，2015.11
国家示范性中等职业学校重点建设专业教材
ISBN 978-7-114-12525-6

Ⅰ.①汽… Ⅱ.①葛… ②叶… Ⅲ.①汽车—喷漆—中等专业学校—教材 Ⅳ.①U472.44

中国版本图书馆CIP数据核字（2015）第233577号

国家示范性中等职业学校重点建设专业教材

书　　名：**汽车喷漆理实一体化教材**
著　作　者：葛建峰　叶诚昕
责任编辑：刘　洋
出版发行：人民交通出版社股份有限公司
地　　址：（100011）北京市朝阳区安定门外外馆斜街3号
网　　址：http://www.ccpress.com.cn
销售电话：（010）59757973
总　经　销：人民交通出版社股份有限公司发行部
经　　销：各地新华书店
印　　刷：北京市密东印刷有限公司
开　　本：880×1230　1/16
印　　张：11
字　　数：276千
版　　次：2015年11月　第1版
印　　次：2023年5月　第5次印刷
书　　号：ISBN 978-7-114-12525-6
定　　价：30.00元

（有印刷、装订质量问题的图书由本公司负责调换）

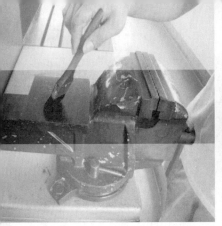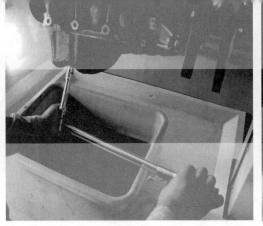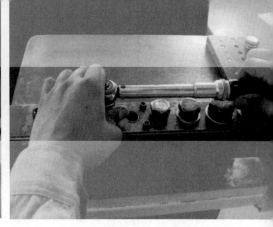

国家示范性中等职业学校重点建设专业教材

专家委员会

专家委员：赵丽丽　朱　军　刘　亮　卞良勇　焦建刚
　　　　　汤　涛　邱世军

编写委员会

编写委员：（按姓氏笔画排序）
　　　　　王　林　王成波　王科东　王瑞君　方作棋
　　　　　方志英　叶诚昕　陈建惠　陈　东　陈　旺
　　　　　杜凌平　陆志琴　杨　婷　余斌立　忻状存
　　　　　忻超群　林育彬　孟华霞　郑军强　胡　蕾
　　　　　施建定　徐湖川　徐昆洋　顾雯斌　黄元杰
　　　　　葛建峰　颜世凯

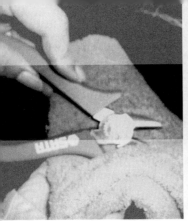
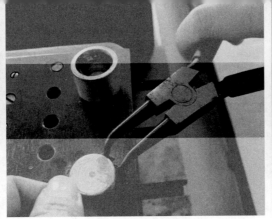

序

我国的汽车保有量急剧增加,公路交通建设快速发展,这对汽车维修等汽车后市场的发展提出了更高的要求。近年来,尽管我国职业教育取得了很大的成就,但是有些职业院校的教学并没有完全反映企业的实际需求和学生的职业发展规律。职业教育的"职业性"不强,这已成为困扰职业教育适应行业企业发展需要的瓶颈问题。

事实上,这并不是我国所独有的问题,世界各国和地区也都在通过不同手段探索相应的解决方案。20世纪末,大众、宝马、福特、保时捷等六大国际汽车制造巨头曾在德国提出过一个《职业教育改革七点计划》,建议职业教育应在以下七个方面做出努力:

1. 加强文化基础教育——为青年人的生涯发展打下良好基础,包括掌握基本文化基础和关键能力。

2. 资格鉴定考试中加强定性评估——将职业资格鉴定与企业人力开发措施结合起来,资格考试按照行动导向和设计(Shaping)导向的原则进行。

3. 传授工作过程知识——职业院校应针对特定的工作过程传授专业知识,采用综合性的案例教学,并着力培养团队能力。

4. 学校和企业功能的重新定位——通过学校和企业的共同努力,提高职业教育质量:学校是终身学习的服务机构,企业成为学习化的企业。

5. 采用灵活的课程模式——通过核心专业课程奠定统一而扎实的专业基础,必要时包含具有地方和企业特征的教学内容。

6. 职业教育国际化——建立学校教育和企业培训质量互认,促进各国职业资格证书的可比性和透明度。

7. 促进校企合作的发展——企业和职业院校合作创办高水平职业教育机构,促进贴近工作岗位的职业教育典型实验和相关研究。

这一建议至今看来都有十分重要的借鉴意义。职业院校以市场和需求为导向的课程和教材建设,应当从专业所面向的职业工作任务出发,明确学习目标和学习内容,从而为学生的就业和职业生涯发展奠定必要的基础,这不论是在理论上还是实践上都面临着巨大的挑战。这里不仅要引入先进的职业教育理念,需要丰富的职业实践经验,而且需要把先进、实用的技术有针对性地与职业院校的教学工作有机结合起来。

中国汽车工程学会组织编写的这套教材在以上方面进行了有益的探索。教材充分利用了"蕴藏在实际工作任务的教和学的潜力",按照工作组织安排学习,可以为学习者提供面向实际的学习机会。希望这套教材的出版不但能帮助职业院校更快、更好、更容易地培养出社会亟需的技能型人才,而且也能为我国职业教育的教学改革提供有价值的经验。

北京师范大学职业与成人教育研究所

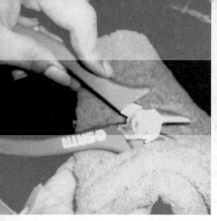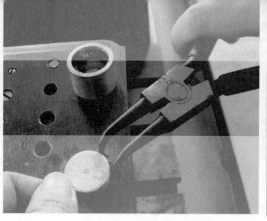

前　言

汽车职业教育的教学内容和教学方法更加贴近企业实际，同时更加符合学生的职业发展规律，一直是汽车职业教育教学改革的目标，也是我们的重要工作方向。早在2004年，中国汽车工程学会下属汽车应用与服务分会就开始了对汽车维修职业教育实训课教学内容和教学方法的改革探索，并组织完成了全国教育科学"十五"规划重点课题《以就业为导向职业教育课程和教材改革的研究与实践》的子课题——"汽车维修职业教育核心实训课工艺化教学模式的开发与推广"，并于2007年组织编写了"汽车维修职业教育实训课工艺化系列教材"。自此之后，我们结合由我会和相关企业策划实施的"博世班"、"北京现代班"等校企合作项目，又相继组织编写了一批教学内容来自企业生产实践、充分反映行业最新技术发展动态、体现先进职业教育理念的实训系列教材。与此同时，我们还选派专家深入学校，更有针对性地指导汽车专业教学改革，进一步贴近教学实际地开发实训教材，本套教材便是成果之一。

自2008年起，我会专家深入宁波交通工程学校（宁波鄞州高级职业中学），指导其汽车维修专业教学改革。针对该校年轻教师多，普遍缺乏企业实践经验的现状，专家从"教什么"入手，指导教师们通过企业调研提炼汽车维修的"典型工作任务"；之后围绕这些工作任务逐项提升教师自身的动手能力；在帮助教师熟练掌握维修技能后，指导他们将工作任务转化为学习任务，并据此设计课程，编写教材，解决"怎么教"的问题。经过几年的反复研究和实践，终于形成了这样一套具有较高实用价值的创新教材。

本套教材的内容包含了最基本的汽车维护实训项目，最典型的发动机维修、发动机电控系统故障诊断、汽车底盘和车身电器检测实训项目，以及为完成以上维修项目所必须掌握的汽车维修基础技能实训项目。在实训项目的选取上，本套教材紧扣中等职业学校汽车维修专业的培养目标，充分体现"必需、够用"原则，同时完全贴合教育部"全国职业院校技能大赛"中职汽车维修专业的比赛项目。

宁波交通工程学校通过连续多个班级的教学实践，在以上课程和教材的应用上已取得显著成绩。该校连续六年在教育部"全国职业院校技能大赛"中职组汽车维修专业赛项中共取得了18个一等奖（三个第一名）的好成绩；汽车维修专业毕业生始终处于供不应求的状态。更为难能可贵的是，通过以上课程和教材的开发，该校培养出了一批"双师型"年轻教师，为年轻教师快速成长为"双师型"教师摸索出一条有效途径。

本套教材以图文并茂的方式详细展现了技能教学的全过程，极大提升了教学的形象化和直观化，同时在每个步骤中都有要领提示，强化了汽车维修作业的规范性和作业技巧。在教学过程中，注重体现了汽车服务企业的5S管理，以使学生在掌握技能的同时提高职业素养。在每个任务的后面还给出了技能考核的参考标准，以便于教学效果的考评。

全书共计八个项目，由葛建峰、叶诚昕担任主编，由胡蕾、沈旭琼担任副主编。

我们真诚希望本套教材能为辛勤耕耘在汽车维修职业教育一线的专业教师们提供有益帮助，同时也希望我们的探索能为汽车职业教育的教学改革提供可借鉴的经验，欢迎汽车职业教育界的领导和同仁们提出宝贵意见。

中国汽车工程学会

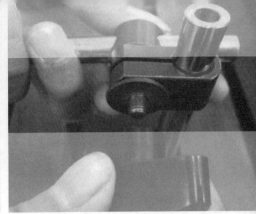

目录 CONTENTS

绪论 汽车涂装基础知识 …………… 1

项目1 安全防护
一、学习目标 ………… 8
二、情景导入 ………… 8
三、知识链接 ………… 8
四、项目实施 ………… 10
五、教学评价 ………… 21
六、知识拓展 ………… 22

项目2 底材处理
一、学习目标 ………… 24
二、情景导入 ………… 24
三、知识链接 ………… 24
四、项目实施 ………… 30
五、教学评价 ………… 39
六、知识拓展 ………… 40

项目3 原子灰施工
一、学习目标 ………… 41
二、情景导入 ………… 41
三、知识链接 ………… 41
四、项目实施 ………… 46
五、教学评价 ………… 60

六、知识拓展 ………… 61

项目4 喷枪清洗与保养
一、学习目标 ………… 62
二、情景导入 ………… 62
三、知识链接 ………… 62
四、项目实施 ………… 65
五、教学评价 ………… 73
六、知识拓展 ………… 73

项目5 中涂底漆施工
一、学习目标 ………… 75
二、情景导入 ………… 75
三、知识链接 ………… 75
四、项目实施 ………… 78
五、教学评价 ………… 105
六、知识拓展 ………… 107

项目6 面漆施工
一、学习目标 ………… 109
二、情景导入 ………… 109
三、知识链接 ………… 109
四、项目实施 ………… 112
五、教学评价 ………… 127
六、知识拓展 ………… 127

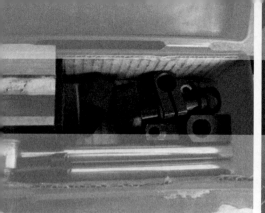

项目7 喷涂技术——板块内过渡驳口喷涂

  一、学习目标 …………………… 129
  二、情景导入 …………………… 129
  三、知识链接 …………………… 129
  四、项目实施 …………………… 130
  五、教学评价 …………………… 145
  六、知识拓展 …………………… 146

项目8 颜色微调

  一、学习目标 …………………… 147
  二、情景导入 …………………… 147
  三、知识链接 …………………… 147
  四、项目实施 …………………… 153
  五、教学评价 …………………… 165
  六、知识拓展 …………………… 166

参考文献 …………………………………… 168

绪论 汽车涂装基础知识

一 涂料的发展史

油漆最早起源于我国，至少已有4000年的历史，早期的涂料中使用天然漆树上采集的生漆和桐油作为原材料。1300年由马可波罗传往欧洲。1924年前使用的所有涂料都是油制涂料，即把天然物质（松油、亚麻仁油）、颜料（烟尘、轻煤或其他颜料）和凡立水混合而成。

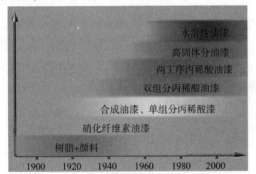

1886年奔驰和戴姆勒共同发明第一辆汽车，当时还是使用油制涂料，涂装一辆汽车需要20多天的时间，需刷涂20多次，每次刷涂后需用较长的时间干燥。

1924年，硝化纤维油漆的出现迅速代替了油制涂料，其干燥快、使用简单的特点使得涂装周期大为缩短，同时施工方式还从刷涂作业转变为喷涂作业。从而使每辆汽车涂装周期降至几个小时，大大提高了汽车的生产量，推进了汽车工业的发展。

20世纪30年代，汽车工业开始使用基于醇酸树脂发展起来的"醇酸漆"。相较于硝基漆、醇酸漆有较高的光泽，黏度更高，应用更便捷。

20世纪50年代，聚丙烯酸树脂的油漆开始广泛使用。其优点是耐久性和光泽度，配合当时出现的静电喷涂技术，使汽车漆的发展又上了一个台阶。

20世纪60年代，单组分丙烯酸风干漆开始得到运用，它不仅干燥快、使用简单，耐候性及光泽度都比硝基漆好。

20世纪70~80年代，双组分聚氨基丙烯酸修补漆开始出现，它的光泽、耐候性已经非常接近原厂生产的涂料；同时"双层烤漆"工艺即采用底色涂层再用罩光涂层首次出现在欧洲，后被日、美汽车制造商相继使用。

20世纪90年代至今，随着全球意识到大量挥发性有机溶剂（VOC）排放对生态的不良影响，高固体含量油漆、粉末涂装及水性涂料被广泛推广。相信未来在汽车修补漆领域，溶剂性涂料使用量会越来越少，最终会被水性涂料所代替。

二 汽车涂装的定义

涂装是指将涂料以不同方式涂覆于被涂物基底表面，经干燥固化后形成连续、致密薄膜的操作工艺，俗称"涂漆"或"喷漆"。已经固化了的涂料称为涂膜或漆膜，有两层以上的涂膜组成的复合层一般称为涂层。汽车表面涂装是典型的多层涂装。

三 汽车涂装的功能

1. 保护作用。汽车车身的材料采用了大量的金属材料，尤其是钢材，如果不加以处理，就会和空气中的水分和氧气发生反应，导致生锈，而在它表面涂上涂料就可以保证车身不会锈蚀，延长使用寿命。

2. 装饰作用。现在的汽车都是具有一定艺术价值的工业产品。其外形有立体、平面、曲面及直线等多种线和面的组合，通过对这种形状复杂的车体表面进行涂装，可使汽车车身具有色彩、光泽、鲜映性、平滑性、立体感，使汽车的外观更加美观，同时也提升了汽车的商品价值。

3. 标识作用。用各种颜色作为标识目前已逐渐标准化。通过涂装，可以使汽车车身表面形成特定的颜色和图案，以区别不同用途的汽车。如消防车为大红色，邮政车为橄榄绿色，救护车为白色等。

4. 特殊作用。根据涂料的某些特殊性能，使汽车具有特殊功能来完成特种作业或可以在特定的条件下使用，从而达到某种特定的目的。如化工物品运输车辆涂有耐酸碱、耐油、耐热、绝缘等涂料以防止化学物品的腐蚀、渗漏，军用汽车采用保护色以达到隐蔽的目的等。

四 涂料的组成

涂料的组成按其所用原料的性能、形态可分为树脂、颜料、溶剂及助剂等。

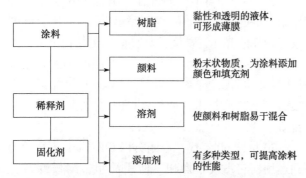

1. 树脂。成膜物质，是涂料成膜不可缺少的物质，是涂料最基本的组成部分，其性质决定了涂料最终的效果和涂膜性能的好坏，是涂料中最重要的成分之一。它可以使颜料均匀地分散、附着在被涂物表面上，使涂膜具备光泽、硬度和耐久性。

涂料用树脂根据来源可分为天然树脂、人造树脂和合成树脂。

天然树脂主要是植物析出和分泌出来的物质，用于清漆、快干漆等涂料，如松香、树脂、虫胶等。

人造树脂是纤维素经由化学加工所获得的衍生物。

合成树脂是由人工合成的一类高分子聚合物，含有合成树脂的涂料性能最好。现代汽车涂料中使用的树脂，以合成树脂居多。

涂料按照树脂的成膜方式可分为溶剂挥发型、氧化聚合型、烘烤聚合型和双组分聚合型树脂。

溶剂挥发型涂料在常温下靠溶剂挥发干燥成膜，如填眼灰、单组分中涂底漆就是采用溶剂挥发型的树脂。其优点是自然干燥速度快，但附着力、耐候性均不佳。

氧化聚合型涂料的干燥，可在常温下进行。干燥过程分为两个阶段：第一阶段，溶剂从液态的涂膜中挥发出来；第二阶段，通过和空气中的氧气进行氧化和聚合反应，形成涂膜。如酚醛涂料、醇酸涂料等都是氧化聚合型涂料，其特点是漆面亮度稍好于溶剂挥发型涂料，但干燥速度慢，修补喷涂时容易出现咬底等问题。

烘烤聚合型涂料用于原厂漆，该种涂料必须在一定的温度下烘烤，使成膜物质发生交联反应而固化形成漆膜。

双组分聚合型涂料是目前汽车修补漆工艺中应用最广泛的涂料，常见的有使用异氰酸酯作为固化剂的丙烯酸聚氨酯涂料、环氧树脂涂料等。如清漆、双组分中涂底漆、环氧底漆等均使用双组分聚合型树脂。

2. 颜料。颜料是一种细微粉末状的有色物质，或是天然矿物、金属粉末，或是化学合成的无机化合物、有机染料，它能使涂料带上色彩，并具有持久性。它不溶于水、油或溶剂等介质，却能均匀地分散在其中。与树脂和其他成分混合形成涂料时，能很容易地涂覆在被涂物的表面上。

按照用途分类，涂料中的颜料分为着色颜料、体质颜料和防锈颜料。

着色颜料在涂料中除了起到颜料一般作用外，

主要起着色和遮盖的作用,这种颜料主要用于底色漆涂料中。

体制颜料也叫填充颜料,它不具有遮盖力和着色力,主要用于改进涂料的性能并降低修补成本、增加涂膜的厚度,提高机械性能,使涂膜经久耐磨。这种颜料主要用于中涂底漆等填充涂料中。

防锈颜料是防锈漆的重要组成之一,这种颜料主要用于底漆涂料中,起到防锈作用。

3. 溶剂。树脂的黏度比较高,用作涂料时需要用溶剂将其稀释至适当的黏度以方便施工,从而提高涂膜的物理性能,如展平性、光泽、致密性等。大多数溶剂都是由天然油制成,是真溶剂、助溶剂和稀释剂按涂料所需要的溶解性能和挥发速度配制而成的混合物。在涂装和成膜的过程中,溶剂会伴随着涂料的干燥而挥发,当涂料完全干燥形成涂膜时,涂料中的溶剂将全部挥发。真溶剂是指具有单独溶解树脂及纤维素能力的溶剂。

4. 添加剂。为了满足现代汽车工业对汽车涂料高质量、高标准的性能要求,提高涂料的施工性、稳定性,会根据不同用途使用少量的添加剂。常见的添加剂有增塑剂、消泡剂、流平剂、分散剂等。

5. 固化剂。对于双组分涂料,如果不在涂料中加入固化剂,则不能充分地让涂膜干燥固化。在汽车修补漆涂料中通常使用的固化剂有胺类、异氰酸酯类及有机过氧化物等。

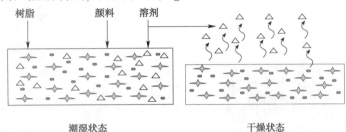

五 汽车涂层的结构

汽车用漆分为原厂高温漆和汽车修补漆两个大类。原厂高温漆是指车辆在出厂前,以静电流水作业方式,通过机械化的流水线作业完成,其最大特点是在接近200℃的温度下烘烤而成;而汽车修补漆是以人工空气喷涂的方式,通过一些标准作业流程,在50~70℃温度下烘烤而成。虽然两种汽车用漆作业方式不同,工艺流程也不同,但是汽车修补漆严格按照汽车制造商的涂装标准进行施工,完全能达到原厂漆的要求。

汽车原厂漆涂层通常由磷酸锌层、电泳底漆层、中涂底漆层、底色漆层、清漆层组成,总膜厚为100~120μm;而修补漆涂层除了以上的涂层外,大部分还包含了一层在底材与中涂底漆层之间的原子灰,总膜厚为120~150μm。

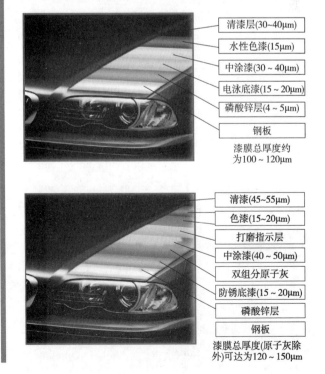

六 汽车漆面修补的类型

汽车漆面修补的目的是修复由事故损伤或使用多年的涂层出现开裂、失光变色等老化现象而造成的外表漆面损伤。由于被修补的车辆在车型、损伤位置、颜色以及漆质等方面都有很大差异，故在修补时必考虑需使用不同的涂料、工具、设备及修补方法，以达到无痕修补。根据原车涂层的状况、需要修补的面积及位置，一般修补喷涂分为整板涂装和局部修补涂装。而局部修补涂装又可分为板块内驳口修补、板块间驳口修补。

1. 整板喷涂：当汽车车身的某一个部分，如发动机舱盖、翼子板、车门等大面积损伤时，需要进行整板喷涂。但对颜色匹配度要求较高。

2. 板块内过渡：当汽车车身的某一个部分，如发动机舱盖、翼子板、车门等小面积损伤时，通常损伤面积在直径10cm以内，可在板块内做修补喷涂。更方便颜色的匹配，又能减少涂料的使用量。根据损伤点的位置不同，可采用点驳口或块驳口的喷涂方法。点驳口首先要对底色漆过渡喷涂，其次要清漆局部喷涂，待干燥后再漆面抛光；块驳口首先要对底色漆过渡喷涂，然后再清漆整板喷涂，干燥后漆面不需要抛光。

3. 板块间驳口修补：当汽车车身某一个板件损伤面积较大，为达到颜色的匹配，需要将底色漆颜色过渡到相邻板块，需做板块间的驳口修补。

七 汽车修补漆工艺流程及步骤

通常汽车漆面标准修复过程可以分为施工前评估、底材处理、原子灰施工、中涂底漆施工、面漆施工五道工序。

施工前评估：包括损伤面积的评估、维修方案的制订、维修材料、工时的预算等。

底材处理：包括损伤漆面去除、羽状边打磨、防锈处理。

原子灰施工：包括原子灰调配、原子灰刮涂、原子灰干燥、原子灰整平。

中涂底漆施工：包括中涂前处理、贴护、中涂底漆调配、中涂底漆喷涂。

面漆施工：包括面漆前处理、贴护、底色漆调配、清漆调配、面漆喷涂。

▲ 汽车修补漆维修流程步骤分解

1 对全车进行目测检查，估算修复区的维修成本，并出具损伤报告。

汽车涂装基础知识 绪论

2 清洁整车,特别是维修区域,确保待修复区域清晰可见。

3 查找色号,准备调色。

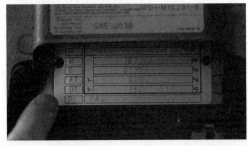

4 在正确的光源下进行对色,从几个差异色中找出一个最接近的颜色。

5 拆除车身喷涂区域的装饰件及附件。

6 选择正确的设备及工具对底材进行处理。

7 基于底材选择正确的原子灰进行施工。

8 选择正确的打磨设备对原子灰进行整平。

9 清洁中涂底漆待喷涂区域。

10 对非喷涂区域进行贴护。

11 根据产品施工工艺喷涂防锈底漆、中涂底漆。

12 用红外线烤灯对中涂底漆进行强制干燥。

13 在中涂底漆干燥过程中,进行色漆的调配。

14 打磨中涂底漆。

15 正确地清洁、除油,以免喷涂后油漆产生缺陷。

16 根据产品施工工艺喷涂底色漆,保证颜色的准确性。

17 根据产品施工工艺喷涂清漆。

18 用红外线烤灯对面漆层进行强制干燥。

19 抛光,去除面漆上的瑕疵、尘点。

20 对外观清洁,以呈现出最佳的效果。

21 检查、质检管理以保证质量。

22 将汽车交付给顾客。

项目 1 安全防护

一 学习目标

1. 了解油漆的危害。
2. 了解各防护用品的作用。
3. 掌握防护用品正确的佩戴方法。
4. 掌握喷漆作业中正确选择防护用品的方法。

二 情景导入

据报道：宁波某区卫生监督所的卫生监督员来到一家汽车4S店，出具执法文书，要求该店将一名于姓喷漆工调离岗位。接到通知，小于一脸茫然，自己经老乡介绍从东北赶到宁波，好不容易得到这份工作，工资比老家高三倍，为什么要让自己离开？

小于25岁，在东北老家已干了6年的喷漆工，经老乡介绍，半月前来该4S店工作，月薪六千左右，并进行上岗前职业健康体检与上岗培训。不想10天后，职业健康检查报告显示，小于血液中白细胞远远低于正常值，这是喷漆作业的职业禁忌。依据《职业病防治法》的规定，小于目前的身体状况不适合从事喷漆工作，用人单位必须将他调离原岗位。看着职业禁忌调离通知书，小于不仅忧心自己的健康，更担心今后的生计。

油漆工小于在平时工作中就如右图那样，在没有任何防护措施的情况下就开始从事涂漆作业。由于长期在没有防护措施的情况下工作，让小于体内累积了大量的有害物质，从而导致了不良的结果。

当然，在涂漆作业过程中，并不是每位从业者都会有小于那样的遭遇。如下图所示，在喷漆作业中，只要有足够的防护措施，我们完全可以远离有害物质，确保身体健康，安全地工作。

三 知识链接

(一) 概述

在汽车涂装施工操作中，安全生产和个人防护是防止发生火灾、伤亡事故、职业病，保障员工身体健康的重要措施。涂料中的稀释剂都是易燃品，都易挥发且有一定的毒性，施工过程中还会产生大量的飞漆和粉尘，若不严格遵守安全操作规程和安全施工方法，极易发生生产事故。事故造成的伤害，轻者损害健康，重者则可能引起残疾，甚至死亡。所以，喷漆作业者在每一项作业时都要以安全和健康为前提。始终牢记：在工作中采取安全防护措施的成本，永远都比丧失或部分丧失劳动能力的损失低得多。

(二)非专业操作对人体健康所引起的潜在危害

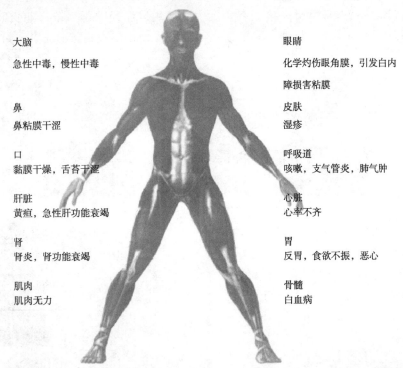

大脑
急性中毒，慢性中毒

鼻
鼻粘膜干涩

口
黏膜干燥，舌苔干涩

肝脏
黄疸，急性肝功能衰竭

肾
肾炎，肾功能衰竭

肌肉
肌肉无力

眼睛
化学灼伤眼角膜，引发白内障损害粘膜

皮肤
湿疹

呼吸道
咳嗽，支气管炎，肺气肿

心脏
心率不齐

胃
反胃，食欲不振，恶心

骨髓
白血病

  涂料中的颜料可能含有铅、铬、镉等重金属。其中铅会破坏人体的神经系统、血液系统、肾脏系统、生殖系统；铬会破坏人体的呼吸道、消化道，引起皮肤溃伤；镉会破坏人体的呼吸道、肾脏系统。

  溶剂和稀释剂中含有的甲苯、二甲苯会破坏中枢神经、皮肤以及肝脏。固化剂的成分是异氰酸酯，它会刺激皮肤、黏膜，引起呼吸器官障碍。

  打磨过程中的粉尘会破坏呼吸道、肺。

(三)防护用品的介绍

  通过油漆中各种成分的危害我们发现，有毒物质进入人体主要有三个途径：眼睛、皮肤和呼吸道。所以在喷漆作业过程中要采取有效的防护措施，隔离这些有害物。通常要佩戴的物品如下：

  防护镜。防护镜也称护目镜，它能防止稀释剂、固化剂或油漆飞溅，以及打磨灰尘对眼睛的伤害。相较普通的眼镜，防护眼镜更大，更贴合脸颊，而且包裹性好，能从多个角度防止液态涂料溅入或灰尘飞入眼睛，且有一定的抗冲击性。故在喷漆作业中，不能用普通眼镜代替防护眼镜。

  防尘面具（口罩）。防尘面具能保护肺免受打磨产生的固体微粒的侵害。根据需要采用P1、P2、P3级微尘过滤器。根据佩戴方式的不同，作业中常用的防尘面具有耳带式和头带式两种。

  防护手套。防护手套分棉纱手套和抗溶剂手套。棉纱手套可在打磨或搬运汽车零部件时使手部免受划伤、割伤。抗溶剂手套可防止溶剂或异氰酸酯通过皮肤上毛孔进入到血液中，因此，在与液态涂料接触时，必须戴抗溶剂手套。常见的抗溶剂手套有厚款和薄款两种，一般短时间接触溶剂时用薄款，如除油、调漆、喷漆等；长时间接触溶剂时用厚款，如手工清洗喷枪作业等。

  防毒面罩。防毒面罩是一种过滤式防护用品，是利用面罩主体与人面部紧密结合使佩戴者呼吸

系统与周围有害气体隔离。在喷漆作业中，可防止溶剂挥发气体和飞漆通过呼吸进入身体。即便是在装备精良的喷漆房或者只是短时间接触有害气体，也要佩戴呼吸防护装置。作业中常见的防毒面罩有两种：一种是过滤式防毒口罩，另一种是供气式防毒面罩。一般短时间接触有害气体，可使用过滤式防毒口罩；如长时间接触有害气体时，需使用供气式防毒面罩。

防毒面罩

活性炭过滤式防毒口罩　　供气式防毒全面罩　　供气式防毒半面罩

钢头安全鞋。安全鞋是安全类鞋和防护类鞋的统称，相较于普通的鞋，其有防穿刺、鞋头部防砸、防压、鞋底绝缘性好、耐溶剂、耐滑性好等特点。作为一个喷漆作业者，进入作业区内，都必须穿着安全鞋。

工作服。工作服可防止化学物品、溶剂、粉尘与身体直接接触。因此在任何作业中都必须穿工作服，注意在喷漆时应穿防静电喷漆服。

（四）涂装各作业过程中防护用品的穿戴

1. 表面处理、打磨原子灰、底漆、抛光作业：棉纱手套、防尘口罩、防护眼镜、工作帽、安全鞋、工作服。

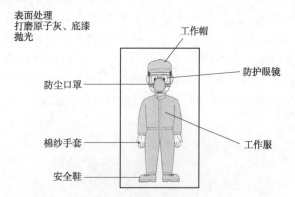

2. 喷漆、调漆作业：抗溶剂手套、过滤式防毒口罩、防护眼镜、工作帽、安全鞋、工作服。

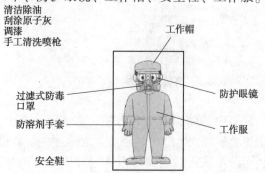

3. 遮蔽作业：工作帽、工作服、安全鞋。

4. 喷漆作业：防溶剂手套、供气式防毒口罩、防护眼镜、安全鞋、防静电连体服。

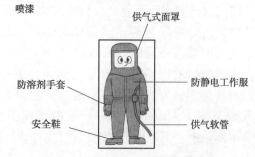

四　项目实施

（一）技术标准与要求

1. 安全防护用品穿戴正确。

2. 各种作业下防护用品选择正确。
3. 使用前应检查防护用品是否完好。
4. 防毒口罩的活性炭过滤器应密封保存。

（二）实训时间

20min。

（三）实训器材

| 棉纱手套 | 防溶剂手套（薄） | 防溶剂手套（厚） | 防尘口罩 |

| 防毒口罩 | 护目镜 | 工作帽 |

（四）教学组织

1. 教学组织形式：本课程为"工艺化"实训课，实训教师1名，学生24名，实训室共有6个实训工位，按照4人1个工位编组。
2. 学生站位分工和要求：学生按规定的工位站立，按教师的指令同时进行独立的操作。
3. 实训教师职责：播放教学视频，并讲解实训项目的操作步骤和相关的注意事项；下达"开始操作"口令；巡视、检查、指导和纠正学生操作中的错误；课堂总结；组织学生对实训室进行清洁整理。
4. 学生职责：认真观看教学视频；完成教师布置的任务；做好课后的清洁整理工作。

（五）操作步骤

操作前准备

参训学生穿好实训服、安全鞋，将实训用品整齐地摆放在操作台上，并以跨立的姿势等待老师下达"开始操作"口令。

 提示：

上实训课必须课前穿好实训服及安全鞋，做好操作前准备，有利于安全操作和提高工作效率。

基础训练一　呼吸系统安全防护

▲ 头戴式防尘口罩的穿戴

1 将防尘口罩从袋子中取出准备穿戴。

2 检查防尘口罩头带、颈带是否完好。

每次使用前需检查头带、颈带弹性是否正常，有无断裂。如有损坏，不可再用，需更换。

3 检查防尘口罩金属鼻夹、口罩表面是否完好。

使用前，检查金属鼻夹是否断裂，口罩表面是否破损。如损坏不可再用，需更换。

4 检查完毕，佩戴防尘口罩过程（1）。

将防尘口罩有金属物鼻夹的一方打开成一定角度。

5 佩戴防尘口罩过程（2）。

面向口罩无鼻夹的一面，使鼻夹位于口罩上方。

6 佩戴防尘口罩过程（3）。

用一只手将口罩抵住下巴，另一只手将下方颈带拉过头顶，置于颈后耳朵下方。

安全防护 项目1

7 戴防尘口罩过程（4）。

提示：

用一只手将口罩抵住下巴，另一只手将头带置于颈后耳朵上方。

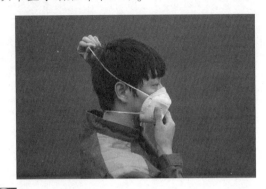

8 佩戴防尘口罩过程（5）。

提示：

将双手手指置于金属鼻夹中间部位，从中心向两侧按照鼻梁形状向内按压，直至将其完全按压成鼻梁形状。

9 检查口罩与脸部的密封性。

提示：

用双手罩住口罩，避免影响口罩在脸上的位置。大力呼气，如空气从鼻夹处溢出，重新调整鼻夹；如空气从口罩边缘溢出，应重新调整头带；直至没有空气溢出。

10 防尘口罩穿戴完毕。

提示：

穿戴完毕后，以跨立的姿势等待指导老师检查，并下达下一步"开始操作"口令。

🌲 活性炭防毒口罩的穿戴

1 将防毒口罩从密封袋中拿出。

提示：

防毒口罩的两个活性炭滤毒罐需密封保存，可延长其使用寿命。

检查两个活性炭过滤盒的使用日期及滤棉使用情况。

提示：

使用前需检查活性炭滤盒的使用时间。按厂家使用说明，活性炭过滤盒的使用寿命为2周，建议使用15天后换用新的活性炭过滤盒。

 检查面罩是否完好。

提示：

使用前，检查乳胶面罩是否有破损、老化现象，如有需更换。

 检查面罩上的吸气阀、呼气阀是否完好。

提示：

使用前，检查吸气阀、呼气阀是否老化、破损，如有需更换。

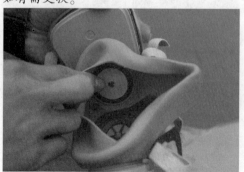

 检查头带框套、颈带是否完好、弹性良好。

提示：

使用前，检查头带框套、颈带弹性是否良好，如老化需更换。

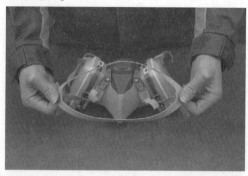

 将防毒口罩在胸前展开，双手持两根颈带。

 用双手将颈带拉向颈后，然后扣住。

 一手将面具盖住口鼻，另一手持头带框套。

9 将头带框套拉至头顶。

10 将防毒口罩沿鼻梁往下调整，不阻挡视线并保持最佳密闭性。

11 调整头带框套的松紧度。

提示：

调整至面具与脸部最舒适程度，不要拉得过紧。如过紧，可向外推塑料片将头带放松。

12 调整颈带的松紧度。

提示：

调整至面具与脸部最舒适程度，不要拉得过紧。如过紧，可向外推塑料片将头带放松。

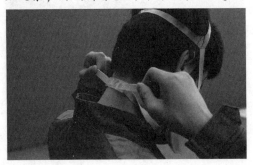

13 做密封性测试。

提示：

如佩戴的防毒口罩不能达到适合的密封性，请勿进入污染区域。

正压测试，手掌盖住呼气阀并向外慢慢呼气，面具应向外慢慢膨胀，如空气从面部与面具间泄漏，应调整面具位置、头带、颈带的松紧度，以达到密封良好；

负压测试，手掌盖住滤盒表面轻轻吸气，面具应轻轻塌陷，并向脸部靠拢，如能感觉到空气从面部与面具之间进入，应调整面具位置、头带、颈带的松紧度，以达到密封良好。

14 防毒口罩穿戴完毕。

提示：

穿戴完毕后，以跨立的姿势等待指导老师检查，并下达下一步"开始操作"口令。

15 将防毒口罩放入密封袋中，并放回原处。

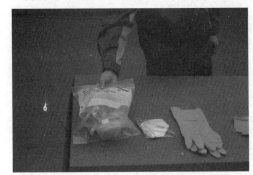

基础训练二　眼部安全防护

防护眼镜的穿戴

1 选择防护眼镜。

提示：

不能用普通的眼镜代替防护眼镜，防护眼镜不但面积比普通眼镜大，而且在作业中能多角度地保护眼睛不受油漆、灰尘、火花的飞溅。

2 检查防护眼镜是否完好。

提示：

检查防护眼镜是否有破损、镜片是否有刮花等。如有需更换。

3 防护眼镜穿戴。

提示：

穿戴完毕后以跨立的姿势等待指导老师检查，并下达下一步"开始操作"口令。

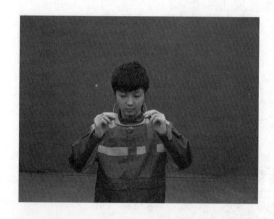

基础训练三　手部皮肤安全防护

棉纱手套的穿戴

1 操作者选择棉纱手套。

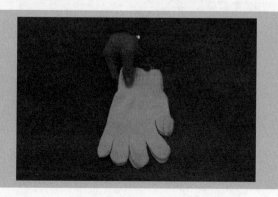

安全防护 项目1

 操作者检查棉纱手套是否完好。

提示:

使用前检查手套是否有破损,如损坏需更换。

 穿戴棉纱手套。

提示:

为快速穿戴,穿戴过程中五个手指应尽量分开,也可防止手指套错。

 棉纱手套穿戴完毕。

提示:

穿戴完毕后以跨立的姿势等待指导老师检查,并下达下一步"开始操作"口令。

🌲 抗溶剂乳胶手套穿戴(薄)

 选择抗溶剂手套(薄)。

 穿戴抗溶剂手套(薄)。

提示:

穿此手套时,大小选择要合适,需保持手部干燥,避免留较长的指甲,以方便穿戴。

 检查抗溶剂手套(薄)。

提示:

使用前检查手套是否有破损,如有需更换。

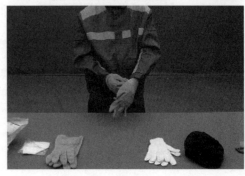

抗溶剂手套（薄）穿戴完毕。

提示:

穿戴完毕后以跨立的姿势等待指导老师检查，并下达下一步"开始操作"口令。

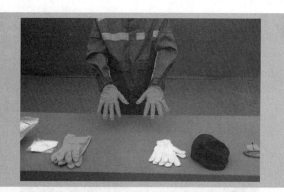

🌲 抗溶剂手套穿戴（厚）

 检查抗溶剂手套（厚）。

提示:

使用前检查手套是否有破损，如有需更换。

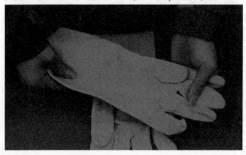

 穿戴抗溶剂手套（厚）。

提示:

将衣服袖口插入手套的袖套内。

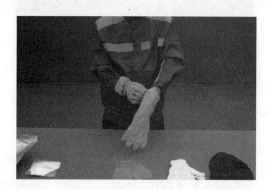

 抗溶剂手套穿戴完毕（厚）。

提示:

穿戴完毕后以跨立的姿势等待指导老师检查，并下达下一步"开始操作"口令。

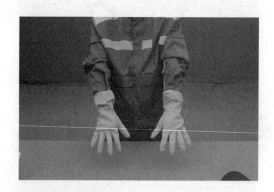

综合训练一　打磨作业时防护用品的穿戴

 戴上防尘口罩。

提示:

技术标准详见基础训练一。

项目1 安全防护

 戴上防护眼镜。

提示:

注意将眼镜框架在防尘口罩金属物外,可减少呼吸时眼镜内出现雾气,挡住视线。

技术要求详见基础训练二。

 穿戴面纱手套。

提示:

技术要求详见基础训练三。

4 戴上工作帽。

5 打磨作业时防护用品穿戴完毕。

综合训练二 刮灰、除油、清洗喷枪作业时防护用品的穿戴

 穿戴防毒口罩。

提示:

技术标准详见基础训练一。

 穿戴防护眼镜。

提示:

技术标准详见基础训练二。

 穿戴抗溶剂手套。

提示:

刮灰、除油可戴薄的抗溶剂手套;清洗刮刀需戴厚的抗溶剂手套。

技术标准详见基础训练三。

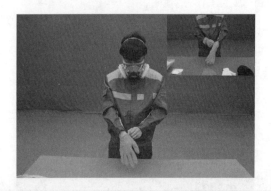

4 穿戴工作帽。

5 刮灰、除油、清洗喷枪作业时防护用品穿戴完毕。

综合训练三　喷涂、调漆作业时防护用品的穿戴

1 穿上防静电连体喷漆服。

2 戴上防毒口罩并调整与脸部完全贴合。

提示：

技术标准详见基础训练一。

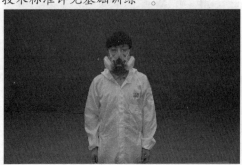

3 戴上防护眼镜并调整至舒适位置。

提示：

技术标准详见基础训练二。

4 戴上抗溶剂手套（薄）。

提示：

为操作时方便，喷涂、调漆时可穿薄的防溶剂手套。

技术标准详见基础训练三。

5 戴上防尘帽。

6 喷涂、调漆作业时防护用品穿戴完毕。

综合训练四 遮蔽作业时防护用品的穿戴

1 穿好实训服与安全鞋。

2 戴上工作帽。

3 遮蔽作业时防护用品穿戴完毕。

五 教学评价

安全防护核评分表（满分100分）（时间20min）

姓名_____ 完成时间_____

考核时间	序号	项　　目	配分	评分标准	得分
20min	1	防尘口罩穿戴	5	使用前未检查颈带扣1分	
				使用前未检查头带扣1分	
				使用前未检查金属鼻夹扣1分	
				使用前未检查口罩外观扣1分	
				穿戴方法不正确扣1分	

续上表

考核时间	序号	项 目	配分	评 分 标 准	得分
20min	2	防毒口罩穿戴	8	使用前未检查活性炭滤盒使用日期扣1分	
				使用前未检查滤棉扣1分	
				使用前未检查呼气阀扣1分	
				使用前未检查吸气阀扣1分	
				使用前未检查面罩扣1分	
				使用前未检查头带框套扣1分	
				使用前未检查颈带扣1分	
				穿戴方法不正确扣1分	
	3	防护眼镜穿戴	2	使用前未检查镜面外观扣1分	
				穿戴方法不正确扣1分	
	4	棉纱手套穿戴	5	使用前未检查外观扣2.5分	
				穿戴方法不正确酌情扣1~2.5分	
	5	抗溶剂手套穿戴（薄）	5	使用前未检查外观扣2.5分	
				穿戴方法不正确酌情扣1~2.5分	
	6	抗溶剂手套穿戴（厚）	5	使用前未检查外观扣2.5分	
				穿戴方法不正确酌情扣1~2.5分	
	7	打磨作业时穿戴	20	未戴防尘口罩或戴错扣5分	
				未戴防护眼镜扣5分	
				未穿棉纱手套或穿错扣5分	
				未戴工作帽扣5分	
	8	喷涂、调漆作业时防护用品穿戴	20	未穿连体防静电工作服扣4分	
				未戴防毒口罩或戴错扣4分	
				未戴防护镜扣4分	
				未穿抗溶剂手套或戴错扣4分	
				未戴防尘帽扣4分	
	9	刮灰、除油、清洗喷枪作业时防护用品穿戴	20	未戴防毒口罩扣或戴错5分	
				未戴防护眼镜扣5分	
				未穿抗溶剂手套或戴错扣5分	
				未戴工作帽扣5分	
	10	清洁	5	未清洁工作台酌情扣1~5分	
	11	其他	5	危险操作扣5分	
		分数合计	100	实际得分	

六 知识拓展

（一）作业过程中应急措施

通常在油漆车间需安装应急冲淋装置，在涂漆作业过程中油漆、溶剂不小心飞入眼睛时，需立即用应急冲淋洗眼器冲眼睛，且勿揉搓眼睛，严重时需立即送医院治疗。不得用普通的水龙头对着眼睛冲洗，以免造成二次伤害。当大量的溶剂溅到身体上时，马上将脏污的衣服脱掉，用肥皂和水或其他皮肤清洗剂彻底清洗皮肤，不要使用溶剂或稀释剂。作为油漆工，作业过程中经常与油漆、溶剂、化学用品等接触，在使用前必须用皮肤清洗剂对手部进行清洗。

(二) 涂漆车间防火措施

1. 喷漆车间一般单独设置，并安装通风设备，可以迅速排气。
2. 车间内应有防火负责人、防火制度和灭火器材。
3. 车间内严禁烟火及一切明火。
4. 车间内应采取措施，防止产生火花。电器设备要符合防爆要求；排风扇叶轮应采用有色金属制造，并防止摩擦撞击，所有设备均应接地。
5. 应做好设备的维护保养，经常清除车间内和排风管道内的油漆沉积物。
6. 严格控制车间内油漆和溶剂的储存量。除保证当天使用外，不应过多储存；如有少量使用剩下的油漆和溶剂，应妥善保管，将盖子盖好，以减少挥发。
7. 注意烤漆房的火灾隐患。

(三) 相关法律法规——《中华人民共和国职业病防治法》

第三十二条 对从事接触职业病危害作业的劳动者，用人单位应当按照国务院卫生行政部门的规定组织上岗前、在岗期间和离岗时的职业健康检查，并将检查结果如实告知劳动者。职业健康检查费用由用人单位承担。用人单位不得安排未经上岗前职业健康检查的劳动者从事接触职业病危害的作业；不得安排有职业禁忌的劳动者从事其所禁忌的作业；对在职业健康检查中发现有与所从事的职业相关的健康损害的劳动者，应当调离原工作岗位，并妥善安置；对未进行离岗前职业健康检查的劳动者不得解除或者终止与其订立的劳动合同。职业健康检查应当由省级以上人民政府卫生行政部门批准的医疗卫生机构承担。

第三十三条 用人单位应当为劳动者建立职业健康监护档案，并按照规定的期限妥善保存。职业健康监护档案应当包括劳动者的职业史、职业病危害接触史、职业健康检查结果和职业病诊疗等有关个人健康资料。

劳动者离开用人单位时，有权索取本人职业健康监护档案复印件，用人单位应当如实、无偿提供，并在所提供的复印件上签章。

项目 2 底材处理

一 学习目标

1. 了解汽车车身材质的种类。
2. 了解不同车身底材处理方法。
3. 了解打磨设备、工具及材料相关知识。
4. 掌握损伤评估的方法。
5. 掌握除旧漆的技能。
6. 掌握打磨羽状边的技能。
7. 掌握底材防锈的技能。

二 情景导入

很多车主对爱车漆面修复后只关注最外层漆面的光亮度、颜色的匹配度，殊不知汽车是多层涂装，底材处理得好坏将直接影响面漆层的使用寿命。现有一辆汽车经碰撞，右前翼子板钣金件凹陷，但漆面完好无损。请在规定时间内以最经济的方式，按照规范的工艺，完成底材处理作业。

三 知识链接

（一）概述

底材处理又称表面预处理，是汽车涂装工艺的第一步，修补漆也一样。应根据被涂物的用途、材质、要求和表面状况，采用与之相适应的处理方法。底材处理质量的好坏将直接影响涂层的质量。经过处理的底材，其表面应无油、无锈、无其他污物，并具有一定的粗糙度，能使涂料牢固地附着在底材上面。故正确规范的底材处理是保证涂层使用寿命及质量的重要环节。

随着现代汽车工业的发展，汽车车身表面所用的材料不止局限于钢铁，其他金属材料和非金属材料也越来越多地被使用。常见的有镀锌板、铝镁合金、塑料、玻璃钢、碳纤维复合材料等。

（二）不同底材表面预处理

对于汽车修补漆行业，在漆面修复过程中，常碰到底材的种类有裸钢铁类、裸铝合金类、镀锌板类、旧涂层类、塑料类。其中前三种底材通常见于汽车车身覆盖件整体更换时，如更换发动机舱盖、车门、翼子板等；而旧涂层类通常在汽车车身覆盖件碰撞后或经钣金修复后不更换新件时遇到；塑料类则通常是在喷涂保险杠、后视镜、饰条时遇见。

1. 裸钢铁类、裸铝合金类。

需先用高强度的清洁剂进行清洁；再用 P120～P180 干磨砂纸打磨底材，如有锈蚀需全部将其清除；清洁除油后，检查被涂物表面有无损伤，如有需修复，最后喷涂环氧或侵蚀底漆。

2. 镀锌板类。

用红色菜瓜布蘸高强度清洁剂打磨底材，注意不要将镀锌层打穿；清洁除油；检查有无损伤，如有损伤需修复，但在镀锌板上由于附着力差不得直接刮涂原子灰；最后喷涂环氧底漆。

3. 塑料类。

先用塑料清洁液清洁；再用灰色菜瓜布打磨；接下来用除静电清洁液清洁，清洁除油；检查有无损伤，如有损伤需修复；最后喷涂塑料底漆。

4. 旧涂层类。

对于旧漆层且底材带有损伤的被涂物，其底材处理主要包括旧涂层漆面类型评估、损伤范围评估、去除损伤漆膜、羽状边打磨、防锈处理。

（三）底材处理作业过程

在汽车补漆底材处理过程中，以旧涂层为基底的底材处理作业最为复杂，以下就对底材处理做详细说明。

漆面类型评估。在接维修车辆时，一定要仔细地查看维修车辆整个车身外观漆膜。在实际修复过程中，要修复的不仅是碰撞损伤的漆面，漆面老化、褪色、小刮痕等也需要告知客户，以免修补后发生争执。

评估漆面类型时，需要检查原漆膜是热塑型涂料还是热固型涂料，检查方法是用一块沾有稀释剂的布去擦拭待修补表面的涂膜，查看最外层涂膜是否会掉色；也可用烤灯加热，如能软化则为热塑型涂料。如果是热塑型漆面，后续的喷涂作业需特别小心，防止咬底，必要时需将涂层全部去除直至底材；也可喷涂隔离性较好的封闭中涂底漆进行隔离。为使修补后的漆膜与原厂漆膜一致，素色漆还应检查面漆层是单工序面漆还是双工序面漆，检查的方法是用砂纸打磨待修补漆面，查看打磨后砂纸上是否留有色漆的颜色。如有，则说明为单工序面漆。通常银粉漆、珍珠漆大多为多工序涂装，不需要测试。

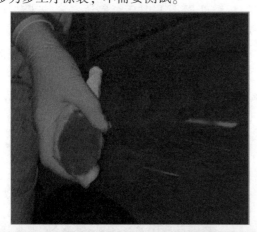
热塑型漆膜

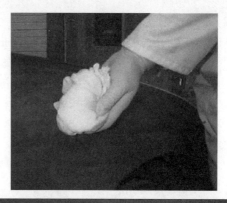
热固型漆膜

热塑型漆膜，常见的有硝基漆、热塑型丙烯酸涂料等溶剂挥发型涂料，其主要特性如下：

（1）可以被溶剂重新溶解，加热会重新流动，软化；

（2）成膜方式为溶剂挥发型；

（3）固化过程中不发生任何的化学反应；

（4）破坏环境，容易开裂、龟裂、收缩。

热固型漆膜，常见的有氧化聚合型、双组分聚合型等涂料，其主要特性如下：

（1）不能被溶剂重新溶解，加热时不会重新流动；

（2）通过催干剂的作用固化（过氧化物、异氰酸酯等）；

（3）固化过程中发生化学反应。

损伤范围的评估。准确地对损伤范围进行评估，是提高工作效率和经济效益的基础，同时也为下步打磨工序、原子灰施工、漆面修补类型选择提供依据。损伤范围评估过小，即不便于原子灰施工，又会使修补后的涂膜产生缺陷；损伤范围评估过大，既浪费材料，又降低工作效率。

在实际作业中评估的方法主要有以下几种：目测评估、触摸评估、直尺评估。

（1）目测评估。

目测评估在实际维修过程中较为常见，其方法是在光源下用眼睛侧面观察漆面，利用漆面上的反光即可发现很小的变形。但当损伤区经钣金作业已去除损伤区涂层后，或光源不足的地方就不能采取这种方法。

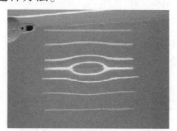

(2) 触摸评估。

触摸评估可在任何车身表面上进行评估。评估者可戴上棉纱手套,从各个方向用手触摸工件,将注意力集中在手上,用手去感觉损伤范围的大小。从未损伤区向损伤区再向未损伤区触摸,可以更容易通过触感感觉到不平表面的范围,且在评估过程中还能感知损伤处凹陷的深浅。

(3) 直尺评估。

对于较大的平面,如发动机舱盖、行李舱盖、车门等地方可以采用直尺测量评估。将直尺置于钢板表面,比较未损伤部位、损伤部位和直尺之间的间隙。虽然大多数工件表面并非笔直,但是都有着光滑的平面。

在实际作业中,操作人员可根据实际情况对损伤区采用正确的方法进行准确的评估。

去除损伤区漆膜。当确定损伤区范围后,就必须将损伤范围内的涂层全部去除,如有锈迹也应全部去除。去除损伤区涂层和锈迹的方法有很多,实际作业多用打磨机去除,其优点是速度快、效率高。虽然有损伤涂层外观看起来没有任何损伤、开裂也没有剥落,但涂层内部有开裂或剥落的可能,如不完全去除,漆膜修复后会造成缺陷。

以镀锌板、钢板为基底时可用 P80 号干磨砂纸配合单动作打磨机或偏心距为 7mm 的打磨头去除损伤涂层;以铝合金板和塑料件为基底时可用 P150 号砂纸配合偏心距为 7mm 的打磨头去除损伤涂层。过粗的砂纸会破坏钢板的厚度,从而影响强度,如有条件,可用黑金钢配合打磨机去除损伤区涂层及锈蚀,效果更佳。

羽状边打磨。在清除损伤区漆膜后,在原子灰刮涂之前须产生一个宽的、平滑的边缘,以增加附着力,此时可以将涂膜边缘打磨,形成一个缓和的斜坡,这个斜坡就是羽状边。羽状边在干磨工艺中非常的重要,打磨的好坏会直接影响原子灰施工后的平整度。好的羽状边有利于原子灰与底材间的附着力,平滑的羽状边还能降低原子灰层的厚度,以达到作业标准(原子灰层厚度不超3mm)。如果羽状边未打磨或打磨后不符合要求,施涂面漆以后,会出现原子灰印,严重时原子灰会开裂或脱落。

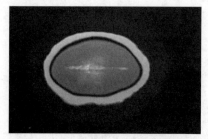

打磨羽状边时砂纸的选择为 P120、P180、P240,由粗到细依次打磨,打磨时可采用弧形打磨法,根据打磨头的转动方向从外向内打磨。为提高效率,也可用 P120 干磨砂纸直接打磨至羽状边成型。羽状边的宽度越宽,底材与涂层的过渡就越平顺,其宽度由旧漆层的厚度所决定,一般原厂涂层羽状边打磨后的宽度在 3cm 左右。

羽状边研磨

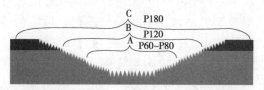

防锈处理。防锈处理作为底材处理最后一道工序,非常的关键。新车在生产线上喷涂时,为防止金属表面腐蚀,提高附着力,需进行防锈处理。在修补时,也不能在裸露的钢板表面直接喷漆,也须进行防锈处理。目前汽车修补漆作业中常用的防锈处理是采用环氧底漆,其施工较为方便,可以喷涂或刷涂。一般较小面积修补时可采用刷涂,如面积较大或者整板施工时可采用喷涂的方法。环氧底漆施工只要求一个连续的薄层即可,无须喷涂太厚,以免增加涂料消耗及漆层闪干时间,降低工作效率。

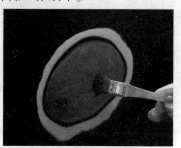

(四)打磨设备、工具、材料

在整个汽车修补漆作业中，底材处理作业、原子灰施工作业、中涂底漆施工作业、抛光作业中都含有大量的打磨工作。据统计，在整个修补漆工艺中有大约有60%的时间用于打磨工作，故合理地选择设备、工具及材料不但能提高工作效率，降低劳动强度，而且能减少维修成本。

目前多数维修企业已用无尘干磨作业代替了传统的水磨作业。常见的无尘干磨设备品牌有德国的费斯托干磨系统、美国的路贝狮干磨系统、芬兰的摩卡干磨系统等。各个品牌的干磨系统都有所差异，但均由打磨工具、供气与吸尘管道、集尘设备、磨垫砂纸和辅助系统这几个部分组成。

打磨工具。按驱动方式分，打磨工具可分为电动和气动两种。

(1) 电动打磨头由电源驱动，220V即可。打磨头上装有电机，故体积、质量较大，且涂装车间在多水的情况下存在一定的安全隐患。相较气动打磨头，机构较复杂，需定期更换碳刷，但使用方便，只要有电即可使用。

(2) 气动打磨头由压缩空气驱动，通常工作气压为6bar。使用寿命比电动打磨机长，使用轻便，维修简单，安全性好，因此被广泛采用。

气动打磨机

电动打磨机

根据打磨工具的运动方式不同可分为：单向旋转式打磨机（单动作）、偏心振动打磨机（双动作）、轨道式振动打磨机。

(1) 单向旋转式打磨机。启动打磨机时，打磨头做单纯的旋转运动，常见于钣金磨光机和抛光机。切削力强，一般用于粗磨、除锈、去除旧漆膜等作业。使用该打磨机时，会留下较深的研磨痕迹。

单向旋转式打磨机

(2) 偏心振动打磨机。启动打磨机时，打磨头在转动的同时又做偏心运动，用于原子灰粗磨、细磨、中涂底漆打磨和漆膜的磨毛。根据偏心距的不同可分为9mm打磨头、7mm打磨头、5mm打磨头和3mm打磨头，分别用于不同工序的打磨作业。

偏心振动式打磨机

(3) 轨道式振动打磨机。启动打磨机时打磨头做振动运动，用于原子灰粗磨、中磨，不适合中涂底漆的细研磨。通常用于较大平面的研磨。

动工具一般需要三个管道和接头，即压缩空气输入、输出和吸尘管。

轨道式振动打磨机

吸尘系统。常见的吸尘方式有三种，分别是中央集尘系统、固定式摇臂集尘系统、可移动式集尘系统。

（1）中央集尘系统使用大型吸尘主机，利用吸尘管路对多个工位研磨残留物进行吸尘，吸尘效果好，设备使用寿命长，维修方便。比较适合大型维修站和工作量较大的维修站使用。

（2）可移动式打磨系统是使用移动式吸尘器对单工位研磨残留物进行吸尘，吸尘效果好，使用方便。适用于小型维修站。

（3）固定式摇臂集尘系统是使用固定摇臂转动，在一定范围内对双工位的研磨残留物吸尘的方式，吸尘效果好，使用方便。适用于受场地局限的维修站。

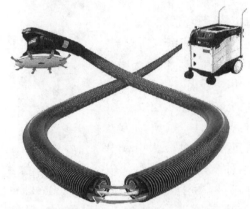

磨垫。在不同工序打磨作业时，应采用不同的磨垫。在研磨原子灰时应采用硬磨垫；研磨中涂底漆、面漆前处理时应采用软磨垫；研磨弧度较大、形状复杂时，应采用超软磨垫；长时间工作时应采用耐高温磨垫。磨垫上有尼龙搭扣和多个吸尘孔，打磨时，启动吸尘系统，研磨时产生的粉尘通过吸尘孔、吸尘管进入集尘袋中。

中央集尘系统　　　移动式打磨系统

	硬磨垫：与偏心振动幅度为7mm和5mm的打磨头配套使用；一般用于除旧漆、打磨原子灰等粗磨
	软磨垫：一般与偏心振动幅度为7mm和5mm的打磨头配套使用；一般用于打磨原子灰等粗磨、中磨
	超软磨垫：与偏心振动幅度为3mm的打磨头配套使用，用于打磨中涂底漆等精细打磨处理
	超软连接垫：又称"打磨软垫"，与偏心振动幅度为3mm、2.5mm的打磨头配套使用，用于打磨曲面部位的中涂底漆、修补时驳口处理等超精细打磨

固定摇臂式集尘系统

供气、回气与吸尘管。电动工具的连接比较简单，除了电源线之外，只需一个吸尘袋。而气

打磨材料。砂纸是汽车漆面修复中经常使用的打磨材料，用于除锈、研磨旧漆层、原子灰及漆面。砂纸是由各种不同细密的磨料黏结于纸上，从而制成各种规格的砂纸。磨料黏结牢靠程度是

砂纸质量的一个重要标志。操作人员选择合适的砂纸规格并正确地使用才能得到最佳的效果。

（1）磨料的种类。

制造砂纸的磨料根据原料可以分为氧化铝、碳化硅和锆铝三种。根据磨料在底板上疏密分布情况可以分为密砂纸和疏砂纸，密砂纸上的磨料几乎完全黏满磨料面，用于湿磨；疏砂纸的磨料只占磨料面积的 50%～70%。

氧化铝磨料是一种非常坚韧的磨料，能很好地防止破裂和钝化。根据粗细不同的选择可制成用于除锈、清除旧涂层、打磨原子灰层、打磨新旧涂层的砂纸。氧化铝磨料硬度高、耐久性好、使用寿命长且不易在底层上产生较深的划痕，目前使用较广泛。

碳化硅是一种非常锐利、穿透力度极高的磨料，呈黑色，通常用于汽车旧漆面的打磨，以及抛光前对涂膜的打磨。

锆铝磨料是已经开发的第三种磨料，锆铝具有独特的自磨刃特性，在打磨操作过程中其自身不断地提供新的刀刃以提高工作效率和降低劳动力。一般磨料在较硬的原厂清漆层上打磨会使涂层产生热量，被打磨的材料也会迅速变软并堆积在砂纸的磨料上而降低打磨效率，而锆铝的自磨刃特性及工作时产生热量少的特点大大减少了打磨的阻力，减少了材料消耗，提高了工作效率和涂层质量。

（2）砂纸的规格。

砂纸分为欧式、美式、英式，在砂纸背面有号数规格。美式只有号数；欧式则在号数之前加注一个"P"字，如P240，数值越大，表示砂纸越细；英式则是以数字及分数表示。在汽车修补漆作业中用到的砂纸基本上都用欧式标注。作业中干、湿磨砂纸对应如下图。

干湿磨砂纸对应表

干磨砂纸 （旋转轨道机）	湿磨砂纸 （手工）
P100	P180～P220
P120	P220～P240
P150	P240～P280
P180	P280～P320
P220	P320～P360
P240	P360～P400
P280	P400～P500
P320	P500～P600
P360	P600～P800
P400	P800～P1000
P500	P1200

（3）砂纸的种类。

汽车补漆作业中，常用到的砂纸有水砂纸、背绒搭扣砂纸、三维打磨材料、海绵干磨软片、精磨砂棉等。

水砂纸是传统汽车漆打磨作业时常用到的砂纸之一，其规格大小有两种，分别约为 23cm×28cm 和 23cm×14cm。随着无尘干磨工艺逐渐取代传统的水磨工艺，现代修补漆行业水砂纸通常用于中涂底漆施工后的打磨作业，如中涂底漆打磨，面漆前处理、驳口前处理、抛光等。水磨砂纸砂粒之间的间隙较小，磨出的碎末也较小，和水一起使用时碎末就会随水流出，所以要和水一起使用。如将水砂纸用于干磨，碎末就会留在砂粒的间隙中，使砂纸表面变光从而达不到它本有的效果。作业中，根据实际不同的修理部位，可将打磨砂纸裁成适合打磨需要的尺寸。

背绒搭扣砂纸是目前汽车补漆干磨作业中最常用到的砂纸之一，使用时要与打磨头配合使用。根据打磨头不同形状有多种规格，可重复使用。常用砂纸的规格为 P80～P1500，号数越大，砂纸越细，适合于整个修补漆作业的任何一处打磨工作。

三维打磨材料是研磨颗粒附着在三维纤维上

形成的打磨材料，俗称"菜瓜布"。这类打磨材料有非常好的柔韧性，适合打磨外形复杂或特殊材料的表面，可用于各种条件下的打磨，可干磨也可水磨。三维打磨材料主要用于喷涂前研磨、驳口喷涂前处理。常见的规格有红、绿、灰三种颜色，绿色约为 P320 干磨砂纸粗细；红色约为 P360 干磨砂纸粗细；灰色约为 P800～P1200 干磨砂纸粗细。

中涂前可用 P320，面漆前可用 P800 或 P1000。相较三维打磨材料，海绵砂纸不仅能将漆面磨毛，提供一定的附着力，而且能将漆面的纹理打磨平整。

精磨砂棉是一种独特的可以灵活地打磨平面和轮廓的多功能研磨材料。在打磨曲角和边角时留下平整的砂痕。适用于干磨和水磨，同时可以机磨或手工打磨。砂纸的规格有 P180～P4000，常用是 P1000、P2000、P4000 这三个规格。P1000 用于驳口前处理，P2000 用于抛光前去除颗粒，P4000 用于抛光前处理。

海绵干磨软片为近几年出现的新型砂纸，可干、湿两用。其主要用于手工打磨轮廓面和难以触及的不规则部位。海绵背衬作为一个很好的手柄可以提供稳定的打磨压力，这样可以避免边、角及难以打磨的部位磨穿。常见规格有 P150～P1000，可代替三维打磨材料在喷涂前处理使用。

四 项目实施

（一）技术标准与要求

1. 安全防护用品穿戴正确。
2. 干磨机使用正确，打磨头与工件接触后再启动。
3. 采用合理的方法评估损伤涂层。
4. 去除损伤涂层采用 P80 干磨砂纸配合偏心距 7（6）mm 号双动作打磨头。
5. 羽状边打磨采用 P120 干磨砂纸并配合偏心距 7（6）mm 号双动作打磨头。
6. 羽状边过渡平顺、形状规则、羽状边的宽度在 3cm 左右。
7. 羽状边磨毛区宽度控制在 3～5cm。
8. 在裸钢板上薄涂一层环氧底漆。
9. 废弃物正确处理。
10. 安全操作。

（二）实训时间

20min。

（三）实训器材

无尘干磨机

空压机

工件

吹尘枪

底材处理 项目2

防护用品

砂纸

除油剂

环氧底漆

除油布

记号笔

垃圾桶

（四）教学组织

1. 教学组织形式：实训教师1名，学生24名，6个工位，每个工位4名学生实训，一名学生操作、其他学生观察、记录。
2. 学生站位分工和要求：学生按规定的工位站立，按教师的指令进行独立的操作。
3. 实训教师职责

   安排学生工位，讲解操作步骤和注意事项；下达"开始操作"口令；工位巡视，检查、指导和纠正错误。
4. 学生职责：认真完成教师布置的任务；做好课后清洁、整理工作。

（五）操作步骤

操作前准备

参训学生穿好工作服、安全鞋，将操作时用到的材料与工具整齐地摆放在操作台上并以跨立的姿势等待老师下达"开始操作"口令。

提示：

上实训课前必须穿好实训服及安全鞋，做好操作前准备，有利于安全操作和提高工作效率。

实训内容　底材处理

第一步　损伤范围评估

1 穿戴防护用品。

提示：

吹尘作业，操作要领详见项目1。

2 抹尘、吹尘。

提示：用吹尘枪、无纺布去除工件表面上的灰尘，以方便对底材的评估。

3 更换防护用品。

提示：

除油作业、操作要领详见项目1。

4 将除油剂均匀地喷涂在旧涂层上。

提示：

将整个工件表面均匀地喷涂一层除油剂。

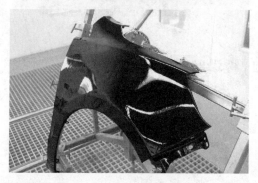

5 用除油布将工件上的除油剂擦干。

提示：

除油方法有两种。

（1）用装有除油剂的喷壶在工件上喷涂一层除油剂，待工件上除油剂未干时用除油布将其擦干（注意除油擦拭时的先后顺序，通常先面后边、由上而下，不得来回重复擦拭，以免造成二次污染。一般一块除油布擦拭的面积控制在 $0.2 \sim 0.3 m^2$）。

（2）也可以采用两块除油布，一块除油布用除油剂湿润后，在工件上擦拭，面积控制在 $0.2 \sim 0.3 m^2$，一小块一小块地进行，当工件表面还湿润时，用另一块干净的除油布将其擦干。

7 标记损伤范围。

提示：

通过触摸和观察，用记号笔或砂纸画出损伤区的范围，以方便下步去除旧漆膜。

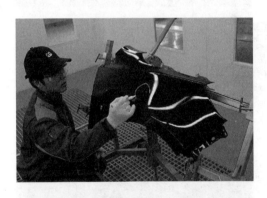

6 进行损伤评估。

提示：

（1）仔细观察整个工件表面涂层，找到损伤区域，确定损伤范围。

（2）对于带有曲线、弧面的损伤部位需采用触摸和观察相结合的方式对损伤范围进行评估。

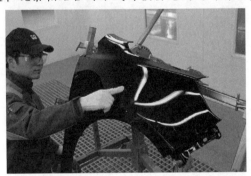

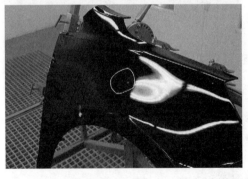

🌲 第二步　去除损伤漆膜

1 穿戴防护用品。

提示：

打磨作业，操作要领详见项目1。

选择打磨头、砂纸。

提示：

根据底材的材质——"钢板"，选用 P80 砂干磨砂纸配合偏心距为 6mm 的打磨头去除损伤区漆膜。

 将砂纸粘在磨头磨垫上。

提示：

砂纸的孔与磨头磨垫的吸尘孔对齐。

 启动打磨机。

提示：

将干磨机吸尘启动开关指向"AUTO"挡，即自动吸尘挡。

 将损伤区的旧漆层去除。

提示：

（1）将磨头磨垫接触后工件后再启动打磨机；

（2）打磨时将磨头与工件接触角度控制在 5°～10°，用砂纸外侧 10mm 左右部位打磨损伤涂层，如下图所示；

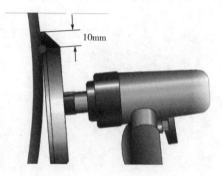

（3）打磨时不得在磨头上施加压力；

（4）根据损伤范围的判断，沿着所画轨迹，将损伤范围内的涂层全部去除。

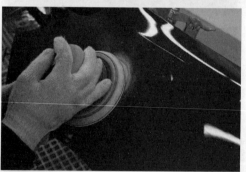

底材处理 项目2

6 机磨去除损伤涂层完毕。

7 用铲刀去除残留损伤涂层。

 提示：

（1）对于凹陷处磨头无法去除的损伤涂层，可用手工去除，一定要将损伤区的旧涂膜去除干净，以免修补后产生涂膜缺陷；

（2）如底材有锈蚀也应去除干净。

8 损伤涂层去除完毕。

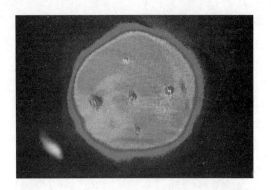

9 擦去工件表面打磨后残留粉尘。

10 去除损伤区涂层完毕。

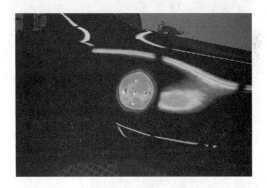

第三步 打磨羽状边

1 选择打磨头、砂纸。

 提示：

选择 P120 干磨砂纸配合偏心距为 6mm 的打磨头。

35

将砂纸粘在磨头磨垫上。

提示：

砂纸的孔与磨头磨垫的吸尘孔对齐。

 打磨羽状边过程。

提示：

（1）将打磨头与工件接触后再启动打磨机；

（2）打磨时将打磨头与工件倾斜5°~10°的角度打磨，用砂纸外侧30mm左右的部位打磨羽状边；

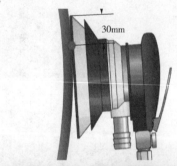

（3）为使打磨后的羽状边又顺又宽，应采用从外向内的打磨方法，顺着打磨机旋转方向顺时针方向打磨羽状边；

（4）沿着去除旧漆膜后的痕迹移动打磨头，能使打磨后羽状边形状更加规则；

（5）打磨的过程中目视检查研磨痕迹。

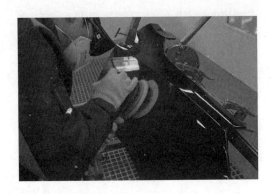

4 检测打磨效果。

打磨后应从各个角度用手以触摸的方式检查羽状边是否平顺过渡、无台阶。

5 羽状边打磨完成。

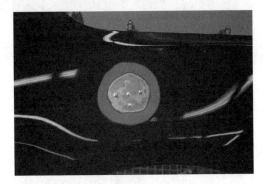

6 用无纺布抹去打磨后的粉尘。

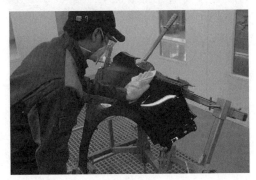

7 更换防护用品。

除油作业，操作要领详见项目1。

8 将除油剂均匀地喷涂在工件表面上。

9 用除油布将工件上除油剂擦干。

羽状边打磨后的效果。

提示：

（1）要求羽状边形状规则，边缘以圆弧形状过渡；

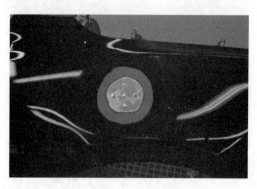

（2）通常原厂涂层根据涂膜厚度不同羽状边打磨后的宽度为 15～30mm；

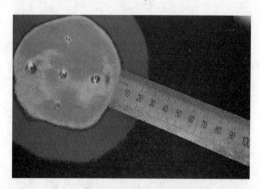

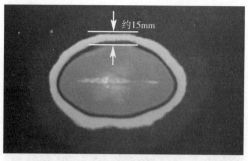

（3）为方便原子灰刮涂及增加原子灰与涂层的附着力，在羽状边外 30～50mm 研磨涂层直至哑光。

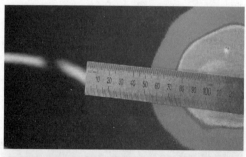

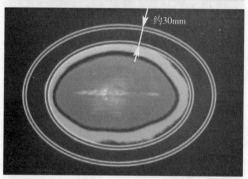

🌲 第四步 施涂环氧底漆

1 用无纺布蘸少许调配后的环氧底漆。

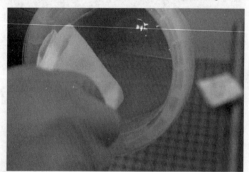

 施涂环氧底漆。

提示：

在裸钢板处涂一薄层环氧底漆，起到防锈、增强附着力的作用。

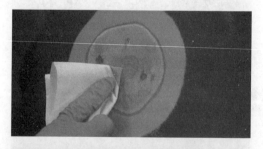

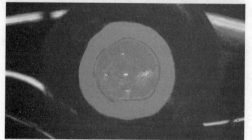

3 整理工位。

提示:

操作结束后,将工作台面清洁干净,以备下一个同学操作。

五 教学评价

底材处理考核评分表(满分100分)(时间20min)

姓名_____ 完成时间_____

考核时间	序号	项　　目	配分	评 分 标 准	得分
20min	1	安全防护	12分	未穿工作服(喷漆服)扣2分	
				未穿安全鞋扣2分	
				未戴防毒(尘)口罩扣2分	
				未戴护目镜扣2分	
				未戴工作帽扣2分	
				未戴棉纱(抗溶剂)手套扣2分	
	2	损伤评估	20分	评估前未除尘、除油扣5分	
				损伤评估方法不正确扣5分	
				评估范围未标记出扣5分	
				损伤区范围判断有错误扣5分	
	3	去除旧漆膜	20分	打磨头选择错误扣4分	
				砂纸型号选择错误扣3分	
				砂纸孔与打磨头吸尘孔未对齐扣3分	
				去除旧漆膜方法不正确扣5分	
				损伤范围内仍有残余旧漆膜扣1分/处,共5分,扣完为止	
20min	4	打磨羽状边	30分	砂纸型号选择错误扣5分	
				羽状边打磨方法错误扣5分	
				羽状边宽度小于1cm扣5分	
				羽状边不平顺每处扣2分/处,共10分,扣完为止	
				羽状边形状不规则扣1分	
				羽状边磨毛区大于5cm或小于3cm扣2分	
	5	施涂环氧底漆	10	打磨结束未进行除尘、除油扣2分	
				未施涂环氧底漆扣5分	
				施涂范围过大扣3分	
	6	清洁	8分	施涂太厚扣2分	
				打磨完毕后物品未复位、台面未清洁扣1~8分	
		分数合计	100分	实际得分	

六 知识拓展

(一) 塑料件基本知识

塑料种类繁多，且许多塑料极性小，结晶性大，表面张力小，润湿性差，表面光滑，为提高涂料对塑料的附着力，减少表面上的各种缺陷，从而改善塑料涂层的质量，塑料件涂装前要进行表面处理。

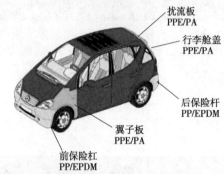

扰流板 PPE/PA
行李舱盖 PPE/PA
后保险杠 PP/EPDM
翼子板 PPE/PA
前保险杠 PP/EPDM

通常在汽车上用的塑料分成两类，一类是热固性塑料，另一类是热塑性塑料。

热塑性塑料，随着加热后会软化、流动，冷却后又恢复到原先的形状，可以反复地被软化和硬化，因此可重复使用。这种塑料加工成型方便、力学性能好，但耐热性差、容易变形。汽车上最常见保险杠就是用热塑性塑料加工成型。

热固性塑料，在加热时不会被固化，过渡加热会产生化学反应，形成新的物质，不可熔、不可重复使用。这种塑料耐热性能好、受压不易变形，但力学性能较差。汽车上外后视镜就是用热固性塑料加工的。

相较于以钢板为材质的底材处理，塑料件在底材处理时更为复杂，在汽车修补漆中塑料件的修补分为两类，一类是原厂件更换（整件），另一类是小面积漆面修补。

(二) 原厂件塑料件的底材处理

（1）用水基清洁剂（温的肥皂水）清除塑料件上的水性脱模剂，并用灰色菜瓜布打磨整个被涂表面，至整个表面没有光泽；

（2）用干净的水彻底洗掉塑料件上的残留物；

（3）吹干塑料件上的水；

（4）用溶剂型抗静电清洁剂清除静电和脱模剂；

（5）粘尘、喷涂塑料底漆。

(三) 塑料件小面积修补（带损伤涂层）

（1）清洁整个待修表面；

（2）用 P180 ~ P240 ~ P320 干磨砂纸依次打磨损伤表面，形成表面涂层过渡平顺的羽状边；

（3）用塑料清洁剂清洁表面；

（4）在裸露的塑料底材上喷涂一层塑料底漆。

项目 3　原子灰施工

一　学习目标

1. 了解原子灰的作用、组成及分类。
2. 掌握原子灰与固化剂搅拌的技能。
3. 掌握原子灰刮涂的技能。
4. 掌握原子灰整平的技能。

二　情景导入

当汽车受损区域已做底材处理后，为使受损的钣金件恢复原有形状，需要进行原子灰刮涂及整平作业。现有一辆车，后翼子板已做好底材处理，请在规定的时间内，以最经济的方式，按照工艺规范，完成后翼子板原子灰施工，包括原子灰刮涂、原子灰整平。

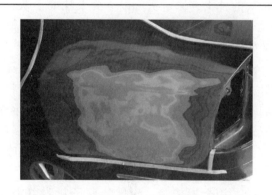

三　知识链接

(一) 概述

与原厂涂装工艺相比，原子灰施工是汽车修补漆工艺中特有的一道工序。经过钣金修复的车身表面需要形成可以进行涂装的表面，为达到这样的要求一般需要对损伤区进行原子灰刮涂及打磨，使受损车身表面恢复损伤前的形状。原子灰的刮涂与打磨是汽车修补漆整个工艺中一个重要的环节，原子灰层施工质量的好坏不但会影响损伤区是否能恢复到损伤前的形状，而且也会影响修复后涂层的使用寿命。所以，作为一个汽车修补漆工作者来说，掌握正确规范的原子灰刮涂、打磨的技能是从事该行业的基础。

原子灰是以颜料、填充物、树脂、催干剂调配而成的呈浆状的材料，用过氧化物作为固化剂，可根据实际需要随时调配使用。它能使受到损坏的底材恢复到损伤前的形状，是一种低成本的修补方法，但刮涂原子灰不能代替钣金所有的修理工作。一般经过钣金修复的车身要达到一定的要求：表面的平整度不超过 2mm，底材不应有裂口、焊缝等。否则，过厚的原子灰会降低涂层的性能；裂口和缝隙会吸入潮气，从而导致锈蚀的产生，最终破坏原子灰和金属的结合；而且汽车在行驶中的振动和应变，也会使原子灰开裂、脱落。所以原子灰层的厚度一般不超过 3mm。

(二) 汽车修补用原子灰的特性

（1）与底漆、中涂底漆及面漆有良好的配套性，不发生咬底、起皱、开裂、脱落等现象，有较强的层间黏合力。

（2）具有良好的刮涂性能，垂直面刮涂性能良好，无流淌现象，有一定的韧性，附着力好，刮涂时原子灰不反转，薄涂时原子灰层光滑。

（3）打磨性能良好，原子灰层干燥后软硬适中，易打磨，不粘砂，能适应干磨。打磨后原子灰层边缘平整光滑且无接口痕迹。

（4）干燥性能良好，能在规定时间内干燥、打磨。

（5）形成的原子灰层要有一定韧性和硬度，以防汽车行驶中的振动引起原子灰层开裂，轻微碰撞引起低凹或划痕。

（三）原子灰的种类

根据汽车漆面修补、改色、翻新涂装中常用原子灰的种类，原子灰可以分为聚酯原子灰、钣金原子灰、硝基原子灰、塑性原子灰和其他原子灰。

（1）聚酯原子灰。为聚酯树脂型的，填充性能好，主要用于裸钢板的表面，也可用于塑料和玻璃钢件，但刮涂不宜过厚，不用于镀锌板钢板、不锈钢、铝板以及经磷化处理的钢板表面刮涂，不宜干磨。为提高附着力，使用前在裸板上喷涂环氧底漆进行隔离。

（2）钣金原子灰。比聚酯原子灰附着力强、稳定性好，易干磨、不粘砂纸、边口平滑性好。有一定的防锈作用，可直接刮涂于裸铁上，不需喷涂环氧底漆。

（3）硝基原子灰。又名填眼灰、快干原子灰，分双组分和单组分，以单组分常见。一般用于细小的划痕或砂眼。由于其附着力差，不耐溶剂，容易咬起，故不大面积使用。常用于原子灰打磨之后或中涂底漆施工之后。

（4）塑性原子灰。用于柔软的塑料件填充，由于其干燥后有较强的塑性，常用于塑料件。使用时不能刮涂得太厚，否则柔韧性变差。

（四）刮刀及应用

刮刀。刮刀是原子灰刮涂主要的手工工具，按其材料组成的不同，可以分为塑料刮刀、橡胶刮刀、钢片刮刀；按其软硬程度可以分为硬刮刀和软刮刀。一般钢片刮刀在维修企业使用较为广泛，但对于采用铝材质为底材的车身，不能使钢片刮刀与铝车身直接接触，以免发生化学反应而腐蚀车身。应此在作业中要视不同情况选择不同的刮刀。

硬刮刀通常用于刮涂大的凹坑、较大平面缺陷部位，由于刮刀口有一定的硬度，易刮涂平整，工效高、材料省，适用于要求平整的施工工序。

软刮刀主要用于刮涂圆弧形、圆柱形和曲面形状的部位。

使用刮刀时要注意以下几点：

（1）刮刀的刀口要平直，不能有齿型、缺口、弧形、弓形。

（2）对于塑料和橡胶材质的刮刀每次使用后需立即用稀释剂清理干净，以免原子灰干燥后聚集在刮刀上，不易清洗。

搅拌盘。用于原子灰与固化剂的混合，通常有纸质、金属材质、木质和塑料材质等。

刮刀的持握以刮刀的形状来决定，不同类型的刮刀有不同的握法，但主要遵循以持握舒适，方便刮涂为原则。良好舒适的持握刮刀不但能使刮涂得心应手，而且能在长时间刮涂作业中而不觉得手酸，从而提高工作效率。常见刮刀的握法有直握法和横握法两种。

直握法：直握时食指和中指压紧刮刀，拇指和另外三指握住刀柄。

横握法：横握时拇指和另外四指夹住刮刀。

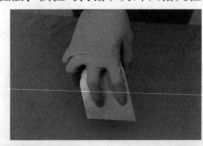

直握法

横握法

（五）原子灰的施工

原子灰的施工主要包括原子灰调配、原子灰刮涂及原子灰打磨三个步骤。其中原子灰刮涂的次数主要取决于底材损伤区的情况、施工质量的要求及操作人员的技术水平。应遵循多次刮涂，一次打磨的工艺为原则，即对损伤区进行多次原子灰薄刮，使原子灰填充紧实，无气孔，直至原子灰层已完全填充损伤区，通过一次打磨使原子灰层成型，损伤区恢复原状。

1. 选择合理的原子灰。

通常以底材的材质选择原子灰的类型，如塑料件用塑料原子灰，铝、镀锌板用钣金原子灰。

2. 混合原子灰基料。

新开罐的原子灰或者隔夜再次使用的原子灰，罐中原子灰各成分会发生一定程度的分离，其中比重较大的颜料、填充物沉在底部，而比重较轻的树脂、溶剂、添加剂则浮在上面，故在使用前务必用搅拌棒从罐底彻底地搅拌，使原子灰基料充分混合。同理，固化剂使用前也需充分地捏匀。双组分原子灰必须与固化剂按一定比例混合后才能固化。原子灰用的固化剂是一种过氧化物，在固化的过程中会发出大量的热量，需特别注意。

根据损伤情况取出适量的原子灰基料放在搅拌盘上，在原子灰的旁边挤出相当于原子灰重量2%~3%的固化剂。确保原子灰与固化剂比例在指定范围。初学时可用电子秤进行计量，熟练后可依据混合后颜色来判断固化剂添加量是否正确。固化剂添加量太多或太少都会引发涂膜缺陷。太多会造成过氧化物"渗色"，残余的固化剂会使面漆层变色；太少会导致原子灰固化和成膜困难，使面漆层失去光泽，且干磨时容易粘砂纸，边口不易打磨平顺。

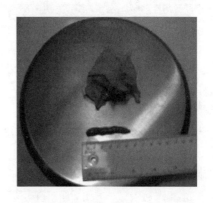

3. 原子灰与固化剂混合。

原子灰与固化剂的混合可根据原子灰的使用量选择在搅拌盘上进行或在铲刀上进行。建议在搅拌盘上进行混合，既方便又快速，且搅拌后的原子灰更紧实。

常温下（20℃），与固化剂混合后的原子灰在4~5min后开始固化，在温度较高的季节，固化的时间会进一步缩短，所以混合原子灰与固化剂速度尽可能要快一些，让更多的时间用于刮涂作业。在寒冷的季节，混合后的原子灰固化时间变长，造成不易快速干燥，可采用提高温度的方法来促进固化，最常见的是用红外线烤灯来进行加热，但原子灰层表面的温度不可超过50℃，温度太高会使原子灰在干燥过程中会产生应力，容易造成开裂、脱落。

4. 原子灰的刮涂。

原子灰刮涂是一项复杂的技能，也可以说是一门手艺，刮涂的好坏，全凭一双手。操作者利用不同的刮涂工具将调配好的原子灰快速地刮涂在损伤区域内，使原子灰尽量填补在损伤区凹坑内，未损伤区不要留有过多的原子灰，而且原子灰层边缘要平顺过渡。要满足以上要求，就要熟练地掌握原子灰刮涂时刮刀的运行。尝试过刮涂便知，当刮刀与刮涂面角度越大，刮涂后的原子灰层就越薄；反之，原子灰层较厚。同时手指的力度也能控制原子灰层的厚薄。所以在刮刀运行过程中，从起刀直至收刀都伴随着角度、力度不断地变化。正常情况下，刮涂时角度由手腕来调整，用手指来控制刮涂时的力度。

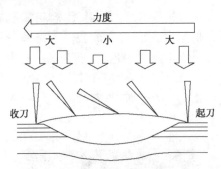

原子灰刮涂后，要求完成的原子灰层边口过渡平顺、不能有台阶、刮刀痕尽可能地少，在完全填充损伤区的同时越薄越好。

一般平面原子灰刮涂方法如下。

第一道薄刮，将刮刀立起与工件角度控制在60°以上，用力刮涂，将原子灰填入细小的凹陷，以提高附着力，不能施涂得太厚。

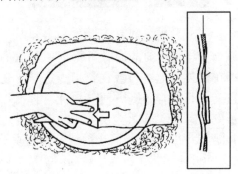

第二道填补原子灰，将刮刀放平些，与工件角度控制在45°左右，填补原子灰。根据工件轮廓选择横向刮涂还是纵向刮涂。先刮涂一条原子灰，然后刮涂下一条原子灰，直至将整个凹陷全部填满，刮涂时上一条原子灰与下一条原子灰重叠1/3~1/2。此道刮涂不需要一次性填平，可分2~3次填补，主要是将凹陷填满。

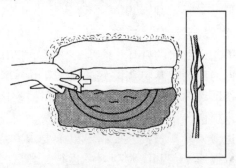

第三道收光刮涂，用力地刮涂表面，将原子灰表面抹涂光滑，薄薄的一层，只需给下道原子灰整平工序留有一定的打磨空间，如二道原子灰刮涂得不够平整，可用砂纸稍打磨下，再进行收光刮涂；如二道原子灰刮涂后仍有少许地方有凹陷，在此道原子灰刮涂时应填充这些凹陷。

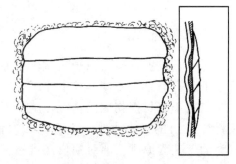

原子灰刮涂不要过厚，以免增加打磨时间，降低工作效率。但一定要稍高于未损伤工件的表面。

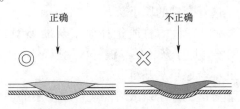

5. 原子灰的干燥。

与固化剂充分混合后的原子灰会自然固化，但受气温的影响，原子灰的干燥时间会发生很大变化，通常混合后的原子灰在常温下活化时间为4~5min，20~30min后方可打磨。为让原子灰快速固化，可用红外线烤灯强制干燥，短波50℃，4min后方可打磨。原子灰在固化的过程中会产生大量的热量，所以原子灰边缘薄的部分往往比中间厚的部分固化得慢，为防止原子灰破裂或从面板上剥落，干燥温度必须保持在50℃以下。

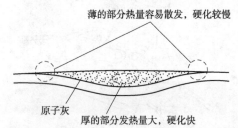

6. 原子灰整平。

原子灰层彻底干燥后即可打磨，打磨原子灰时注意只能干磨，不能水磨，因为原子灰的吸水性很强，当水磨残留水分不能很好地挥发时，就会导致漆膜起泡、起痱子、剥落、金属底材锈蚀等现象。打磨原子灰层主要是为了取得平整光滑的成形表面，可采用手工打磨或机械打磨的方式进行。机械打磨适用于修补面积较大以及平整底材的粗磨，可降低劳动强度，提高工作效率。但由于车身某些部位特殊形状及车身上某些位置的局限性，如靠近板件的边缘、饰条以及车身某些凹凸曲面处无法用打磨头打磨，因此需要手工打磨。在实际作业中经常采用手工打磨和机械打磨相结合方式进行打磨。

原子灰打磨大致可分为三个步骤：粗磨、中磨（面成型）、精磨（消除砂纸痕迹达到喷中涂要求）。

打磨时砂纸的选择：打磨时干磨砂纸一般依次选择P80、P120、P180、P240。选择砂纸时跳号不得超过100，否则不能去除上层打磨的砂痕。

打磨方法：打磨时应交叉打磨，不能只朝一个方向或者只在个别区域打磨，这样容易造成原子灰层打磨变形及打磨过度。此外打磨时也不能在打磨工具上施加较大的压力。打磨时应从原子灰层内向旧涂层方向（从内侧向外侧）研磨，反之容易出现打磨过度、边口不顺的现象。

打磨的确认：如果在打磨过程中未及时地判断是否磨平，就非常容易出现打磨过度的现象，就不得不重新刮涂原子灰，所以在打磨过程中应不间断地用手触摸原子灰来判断是否研磨平整。触摸时，用手快速地从未损伤区滑向原子灰层再到未损伤区，以手指手掌的触感来判断原子灰层的平整度。

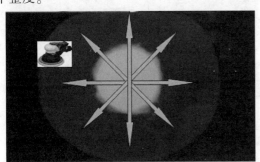

交叉打磨

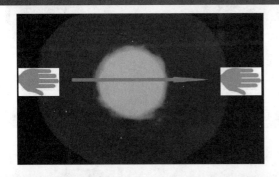

打磨的确认

粗磨：根据原子灰层厚度及面积选用双动作打磨头、轨道振动式或手刨配合P80~P120号干磨砂纸，消除原子灰范围内的刮刀痕、将平面大致打磨平整。

中磨（面成形）：用手刨等打磨工具配合P120~P180干磨砂纸，以手工打磨的方式进行研磨，一边消除上层打磨留下的砂痕，一边连同原子灰层周边一起打磨。

精磨：用手刨和打磨头配合P180~P240打磨，消除上层打磨留下的砂痕，将原子灰层接口打磨平顺。

最后用双动作打磨头配合P320砂纸打磨从原子灰边缘至喷涂中涂底漆的范围，宽度不少于15cm。

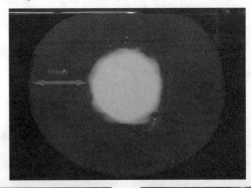

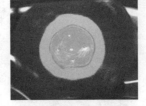
损伤区

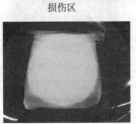
薄涂

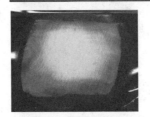
第一道原子灰

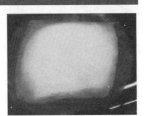
第二道原子灰

原子灰刮涂过程

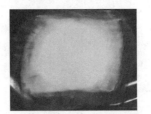
P80号干磨砂纸打磨

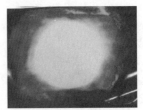
P120号干磨砂纸打磨

P180号干磨砂纸打磨　　P240号干磨砂纸打磨

原子灰打磨过程

四 项目实施

（一）技术标准与要求

1. 安全防护用品穿戴正确。
2. 原子灰与固化剂的比例为1%～3%，调和均匀。
3. 刮涂手法合理、刮涂范围不超出上层打磨范围。
4. 打磨工具操作规范。
5. 打磨时干磨砂纸使用合理。
6. 打磨后原子灰层平整、过渡平顺，损伤区恢复损伤前形状。
7. 废弃物正确处理。
8. 安全操作。

（二）实训时间

40min。

（三）实训器材

干磨机　　空压机　　烤灯　　吹枪

工件　　刮刀、刮板　　防护用品　　原子灰

砂纸　　除油剂　　除油布　　胶带

| 炭粉 | 垃圾桶 |

(四)教学组织

1. 教学组织形式：实训教师 1 名，学生 24 名，6 个工位，每个工位 4 名学生实训，一名学生操作、其他学生观察、记录。

2. 学生站位分工和要求：学生按规定的工位站立，按教师的指令进行独立的操作。

3. 实训教师职责：安排学生工位，讲解操作步骤和注意事项；下达"开始操作"口令；工位巡视，检查、指导和纠正错误。

4. 学生职责：认真完成教师布置的任务；做好课后清洁、整理工作。

(五)操作步骤

操作前准备

参训学生穿好工作服、安全鞋，将操作时用到的材料与工具整齐地摆放在操作台上并以跨立的姿势等待老师下达"开始操作"口令。

提示：

上实训课必须课前穿好实训服及安全鞋，做好操作前准备工作，有利于安全操作和提高工作效率。

实训内容　原子灰施工作业

▲ 第一步　清洁除油

1 穿戴防护用品。

提示：

除油作业，操作要领详见项目 1。

2 将除油剂均匀地喷涂在待原子灰施工的底材上。

3 用除油布将除油剂擦干。

4 刮涂前评估损伤区凹陷深浅程度。

 提示：

（1）原子灰施工前必须先评估下损伤区凹陷深度，施工区是否还存在高点，是否还需要钣金作业等；

（2）用手触摸，感觉凹坑大小，以评估原子灰的使用量及刮涂方案；

（3）通过检查，凹陷部位较浅，预计用二道原子灰来填充，第一道填充，第二道收光。

🌲 第二步　原子灰与固化剂搅拌

1 打开原子灰罐盖子。

2 将罐内的原子灰基料充分搅拌均匀。

 提示：

原子灰由颜料、填充物、树脂、溶剂等组成，在使用长期不用或新开的罐前，先将其充分搅匀。

3 将固化剂搅匀。

 提示：

用手指将固化剂捏均匀。

4 取原子灰。

 提示：

选择适量的原子灰放在调灰板上，建议在调灰板上搅拌原子灰，这样能更好、更快地将原子灰与固化剂搅匀。

5 取固化剂。

提示:

通常原子灰与固化剂的比例为 100:2～100:3，详见产品使用手册。固化剂加入过量可能造成过氧化物"渗色"，残余太多未用的固化剂可能使面漆层变色；固化剂加入太少可能导致有缺陷的硬化和成膜困难，从而使外涂层失去光泽。

6 搅拌原子灰过程（一）。

提示:

用铲刀一尖端提起固化剂并混入原子灰基体中。

7 搅拌原子灰过程（二）。

提示:

用铲刀的一端把固化剂混入原子灰中，并保持圆形运动，直至基本上看不见红色的固化剂为止。

8 搅拌原子灰过程（三）。

提示:

提起原子灰以铲刀的右端为支点，向右侧翻。

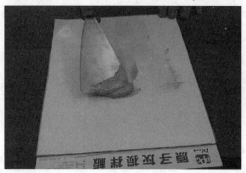

9 搅拌原子灰过程（四）。

提示:

将刮刀基本上与调灰板持平，并将其下压。注意一定要将铲刀在调灰板上刮削，不要让原子灰残留在铲刀上。

10 搅拌原子灰过程（五）。

提示:

在原子灰延展至调灰板边缘时，以铲刀左端为支点，铲起原子灰向左侧侧翻。

11 搅拌原子灰过程（六）。

 提示：

将铲刀基本上与调灰板持平，并将其下压。

注意一定要将铲刀在调灰板上刮削，不要让原子灰留在铲刀上。

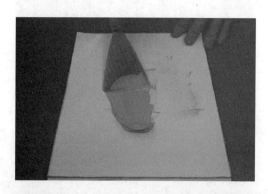

12 搅拌原子灰过程（七）。

提示：

重复原子灰搅拌过程（三）至过程（六）直至将其搅匀，避免出现大理石纹效果或未混合的固化剂。

🌲 第三步　原子灰刮涂

1 第一道原子灰刮涂。

提示：　由于原子灰量较少，可将原子灰全部集中在铲刀上，并用刮刀取少许搅拌后的原子灰。

2 第一道原子灰刮涂（一）。

 提示：

（1）第一道原子灰可以分几个步骤刮涂，首先要刮涂一个薄层，以填充板件上由钣金作业产生的焊接痕、锤痕等。这一层必须要压实，故刮涂时手指要用力，并且刮刀与刮涂面的角度尽量大。

（2）刮涂后得到一个较薄的原子灰层，可透过原子灰看到底材。

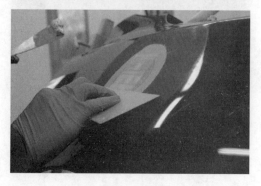

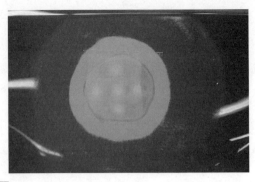

3 第一道原子灰刮涂（二）。

（1）待薄层刮涂完毕后，可紧接着刮涂一层填充层，将凹陷部位予以填充。

（2）此时需将足够量的原子灰放置刮刀中间部位，以方便填充。

（3）食指与小拇指张开，分别以刮刀左端、右端的表面为基准，沿着工件轮廓线，从上往下刮涂，同时伴随刮涂角度与力度的变化，控制原子灰留在凹陷部位。

4 检查第一道原子灰刮涂后的效果。

要求边口薄，过渡平顺。

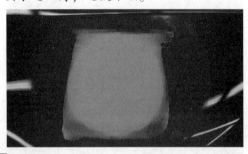

5 用红外线烤灯烘烤原子灰。

（1）烘烤时注意温度不要过高，烘烤原子灰温度不得超过50℃。通常以手触烘烤表面不烫手为宜。

（2）如温度过高，可增大烤灯与烘烤物的距离；温度太低，可拉近烤灯与烘烤物的距离。

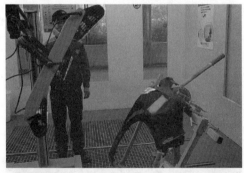

处理废原子灰。

提示：

（1）在原子灰烘烤期间，可处理废原子灰及刮刀的清洁。

（2）原子灰在干燥的过程中会产生热量，不得与带有溶剂的废弃物放置一起，需小心处理。

（3）可以将废原子灰直接放入水中冷却，也可用调灰纸包起来，冷却后再处理。

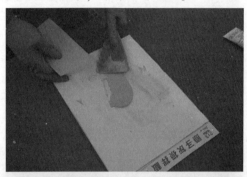

 清洁刮刀、铲刀。

提示：

刮涂结束后在原子灰未固化前用稀释剂将刮刀上的废原子灰清洗干净，以便下次使用。

 测试原子灰干燥程度。

提示：

（1）通常用手指触摸原子灰边缘来判断原子灰层是否干燥。如原子灰层边缘已经干燥，则说明整个原子灰层均已干燥。

（2）对于还需要再次刮涂的原子灰层，则不需要完全干燥，只要不影响下道原子灰层刮涂即可。

再次调配原子灰。

 第二道原子灰刮涂（一）。

提示：

（1）取适量的原子灰。

（2）在原子灰层上再次刮涂一个薄层，以填补第一道原子灰刮涂后留下来的小砂眼。

 11 第二道原子灰刮涂（二）。

提示：

（1）先将原子灰平铺在需刮涂区域，根据损伤区的范围，分两次平铺。

（2）第一次在磨毛区范围内起刀，以刮刀左端未损伤的平面为基准，食指用力，从上往下刮涂原子灰，在刮刀与手指的作用下使原子灰从左边向右边损伤区运动。

（3）第二次在磨毛区范围内起刀，以刮刀右端未损伤平面为基准，小拇指用力，从上往下刮涂，使原子灰从右边向左边损伤区运动。

 12 第二道原子灰刮涂（三）。

提示：

收光刮涂。使原子灰表面平整，消除明显的刮刀痕迹。

14 再次用红外线烤灯强制原子灰快速干燥。

15 再次处理废原子灰、清洁刮刀。

 第二道原子灰刮涂完毕。

提示：

(1) 要求刮涂范围在羽状边磨毛区之内。
(2) 损伤区域填充，边口薄、方便打磨。

第四步　原子灰整平

 再次测试原子灰是否完全固化。

提示：

(1) 打磨前原子灰必须充分固化，这样打磨时才不会粘砂纸。
(2) 可用砂纸打磨原子灰的边缘，发现有粉末出现，说明原子灰边缘已经干燥，整个原子灰层已完全固化。

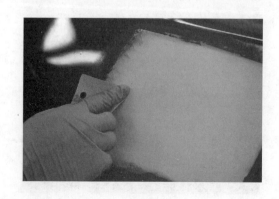

原子灰施工 项目 3

2 更换防护用品。

打磨作业，操作要领详见项目1。

3 在原子灰层上均匀地抹涂打磨指示剂。

4 选择P80号干磨砂纸配合手刨打磨。

根据不同的情况选择不同的打磨工具，此次我们根据损伤区形状（内凹）、原子灰的厚度（偏薄），选用70mm×125mm的手刨配合砂纸进行打磨。

5 启动打磨机。

将打磨机吸尘启动开关指向"MAN"挡，即吸尘常开。

6 用P80干磨砂纸打磨原子灰层。

提示：

（1）将磨头平放在原子灰上，做来回移动打磨。

（2）采用"米"字形或"井"字形交叉来回打磨。

（3）只能在原子灰范围内打磨，过粗的砂纸不能打磨到旧涂层上。

（4）打磨过程中，可边打磨边用手触摸感觉原子灰的平整度。

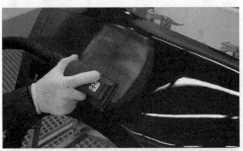

55

7 检查P80号干磨砂纸打磨后的效果。

（1）P80打磨要求消除原子灰上刮刀痕迹、高点，打磨后原子灰层整体平整，无明显的高点，且损伤区基本已经恢复损伤前形状。

（2）观察打磨后原子灰发现，原子灰层中间无炭粉残留、边上有炭粉残留，说明中间相较边上要高。

（3）如打磨后发现原子灰层中间部位有炭粉，说明损伤处还未被填满，需再次刮涂原子灰。

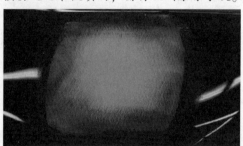

8 选择P120号干磨砂纸。

9 在原子灰上抹涂打磨指示剂。

10 用P120打磨原子灰层。

（1）打磨方法与P80打磨相似，打磨范围超过上层打磨区域。

（2）P120打磨去除P80打磨留下的痕迹，使原子灰层表面更加细化。进一步提高原子灰的平整度。

（3）P120打磨非常关键，打磨后原子灰必须平整且没有波浪。

原子灰施工 项目 3

 检查 P120 砂纸打磨后的效果。

提示:

（1）打磨后，用手感觉原子灰层的平整度，基本上原子灰已经平整，但边口过渡还不平顺。

（2）观察打磨后的原子灰，发现原子灰上基本无炭粉残留，且原子灰边口上也没有明显的砂痕。有些边口比较薄的地方已经可以透过原子灰层见到底材。

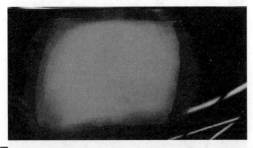

12 选择 P180 干磨砂纸。

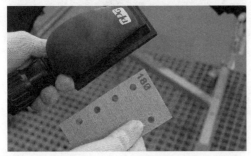

13 再次抹涂打磨指示剂。

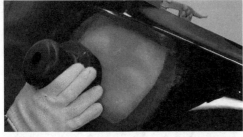

 用 P180 砂纸打磨原子灰层。

提示:

（1）打磨方法与前面两道打磨相似。打磨范围要超过原子灰层区域。以未损伤区为基准，做来回长距离打磨。

（2）P180 打磨去除 P120 打磨留下的痕迹，使原子灰层表面更加细化，光滑；使原子灰层边口更加平顺。

 检查 P180 打磨后的效果。

提示:

（1）打磨后原子灰层已经平整，边口平顺，但砂纸痕迹还较明显。

（2）通过观察打磨后的原子灰，发现边口处能透过原子灰观察到底材，过渡自然。

57

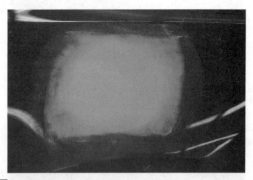

 选择 P240 干磨砂纸。

 再次抹涂打磨指示剂。

 P240 砂纸打磨原子灰层。

提示:

(1) 打磨轨迹与前几道砂纸下相似,范围超过 P180 打磨区域。

(2) 去除 P180 的砂纸痕迹,使原子灰层表面更加光滑。

(3) 原子灰边口更加平顺。

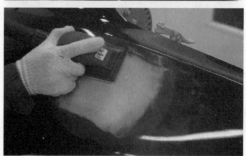

 检查 P240 打磨后的效果。

提示:

原子灰层表面砂痕更细,边口更平顺。

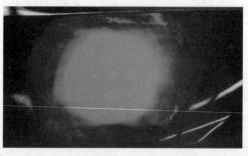

 用吹枪吹去原子灰层上的粉尘。

原子灰施工 项目3

 检查原子灰层上是否有砂眼。

提示：

原子灰表面的砂眼无法用中涂底漆填充的需刮涂填眼灰。

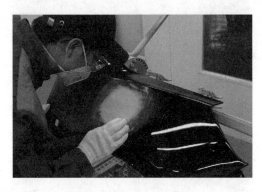

22 选择 P320 干磨砂纸配合偏心距为 6mm 的打磨头。

 打磨原子灰边上 20cm 范围内的旧涂层。

提示：

（1）为喷涂中涂底漆工序做准备。
（2）要求表面全部磨毛至哑光状。

24 吹去打磨后留下的粉尘。

25 原子灰整平结束。

🌲 第五步　清洁除油

 更换防护用品。

提示：

除油作业，操作要领详见项目1。

2 在整个表面上喷涂除油剂。

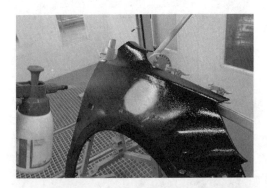

3 用除油布将除油剂擦干。

4 原子灰施工操作结束。

5 整理操作工位。

提示:

操作结束后,将工作台面清洁干净,以备下位同学操作。

五 教学评价

原子灰施工考核评分表(满分100分)(时间20min)

姓名_____ 完成时间_____

考核时间	序号	项目	配分	评分标准	得分
40min	1	安全防护	12	未穿工作服(喷漆服)扣2分	
				未穿安全鞋扣2分	
				未戴防毒(尘)口罩扣2分	
				未戴护目镜扣2分	
				未戴工作帽扣2分	
				未戴棉纱(抗溶剂手套)扣2分	
	2	前处理	5	未除油扣5分	

续上表

考核时间	序号	项目	配分	评分标准	得分
40min	3	原子灰调配	15	原子灰使用前未搅拌扣2分	
				固化剂使用前未搅拌扣2分	
				取原子灰后未及时将盖子盖上扣2分	
				取固化剂后未及时将盖子盖上扣2分	
				原子灰与固化剂比例不正确扣3分	
				原子灰与固化剂搅拌不均匀扣4分	
	4	原子灰刮涂	30	第一道未进行薄刮扣4分	
				刮涂方法不正确酌情扣1~5分	
				刮涂范围超出羽状边磨毛区扣3分	
				刮涂废原子灰大于使用量的1/2扣3分	
				结束刮涂后未将凹坑填满扣5分	
				刮刀痕迹较明显扣3分	
				原子灰边口有明显台阶扣3分	
				刮涂结束后未及时清洁刮刀扣2分	
				原子灰干燥时温度过高（烫手）扣分2分	
	5	原子灰打磨	30	每道砂纸打磨前未使用打磨指示剂扣2分	
				打磨机操作不正确扣2分	
				打磨砂纸选择错误，跳号超过100扣2分	
				原子灰平整度根据情况扣1~20分	
				有较大的砂眼，中涂底漆填充不了扣2分	
				打磨后未清洁扣2分	
	6	5S	8	调配完毕后物品未复位、台面未清洁扣1~8分	
	分数合计		100	实际得分	

六 知识拓展

（一）曲面上原子灰刮涂方法

在曲面或拐角部位刮涂原子灰时，应选择适合的刮涂工具，如有弹性的橡胶刮刀，特别要注意的是在刮涂倒置的"R"形部位时，不要施涂过量的原子灰，或留下任何刮刀掉下来的废原子灰，否则需要花很多时间进行打磨。只需要刮涂最少量的原子灰，不要留下任何刮刀痕迹。

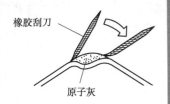

（二）冲压线上原子灰刮涂方法

在冲压线上刮涂时，当找不到较直的特征线时，可采用以下方法：

（1）沿着特征线贴上遮蔽胶带，根据损伤不同可多贴几层，以达到一定厚度，在另一侧施涂原子灰；

（2）在原子灰半固化前撕掉遮蔽胶带，如完全硬化后再撕可能会出现原子灰剥离；

（3）在原子灰固化后，沿着原子灰上的冲压线张贴遮蔽胶带；

（4）在另一侧施涂原子灰，待半固化后撕掉胶带。

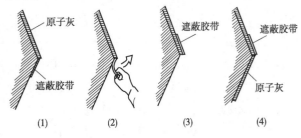

项目 4　喷枪清洗与保养

一 学习目标

1. 了解喷枪的工作原理。
2. 了解喷枪的分类。
3. 了解喷枪调整及走枪的方法。
4. 掌握手工清洗喷枪的技能。

二 情景导入

喷枪在使用后应立即用溶剂彻底洗净，特别是在使用2K双组分涂料的场合，应避免让任何类型涂料残留在枪壶及涂料管道内，以免干燥后堵塞。现有一把刚经过喷涂的喷枪，在规定的时间内，请以最经济的方式，按照工艺规范，完成喷枪的清洁。

三 知识链接

(一) 概述

喷枪是汽车涂装修补作业中最重要的工具之一，它可以将涂料均匀地喷涂在车身表面，从而得到良好的防腐与涂装效果。喷枪的工作原理是利用压缩空气的压力将液体雾化，形成雾状射流，雾化状的涂料在喷涂中分裂成细小而均匀的液滴喷在汽车表面上，形成薄厚均匀具有光泽的薄膜。

(二) 喷枪的种类

根据涂料供应方式的不同可把喷枪分为重力式喷枪（上壶）、虹吸式喷枪（下壶）、压送式喷枪。

　重力式(上壶)　　虹吸式(下壶)　　压送式(压力罐)

重力式喷枪的涂料罐位于枪的上部，涂料靠自身的重力与喷嘴前端形成的负压作用从喷嘴喷出，并与空气混合雾化。上壶的设计能提供一种连贯的、无间断的供漆方式，而且涂料的黏度变化极少影响喷出量的变化，故在汽车修补漆作业中得到广泛运用。但重力式喷枪也存在喷涂时稳定性不良等缺点，故通常用于涂料用量少与换色频繁的喷涂作业场合。

虹吸式喷枪的喷壶位于枪的下面，利用高速气流而令喷枪局部真空，因而产生吸力把涂料从壶中吸到喷嘴加以雾化喷出。其优点是喷涂时稳定性好，但也存在着涂料的黏度变化对涂料喷出量影响较大，且在喷涂过程中喷壶容易与工件刮擦等缺点。虹吸式喷枪适用于一般非连续性喷涂作业场合。

压力式喷枪是将涂料存放在压力罐内（喷壶），利用罐中空气压力将涂料喷出的喷枪。由于使用了较大的喷壶，可容纳足够多的涂料，可节省时间，在喷涂银粉漆和珍珠漆时，可确保涂料的一致性。压送式喷枪适用于涂料用量多且连续喷涂的作业场合。

根据涂料的作用不同，喷枪可分为面漆喷枪和底漆喷枪。

从底漆与面漆的功能上来分析：面漆主要是给被涂物表面着色和装饰作用；而底漆则是填充被涂物表面的砂痕和砂眼。故底漆喷枪与面漆喷枪存在着一定的区别，一般底漆喷枪的口径为1.6～1.9mm，其特点是雾化均匀、中心区宽大、喷幅集中，喷涂后平整、易磨；面漆喷枪的口径为1.3～1.4mm，其特点是雾化精细、雾化区宽大、喷幅分散，喷涂后颜色均匀、饱满。

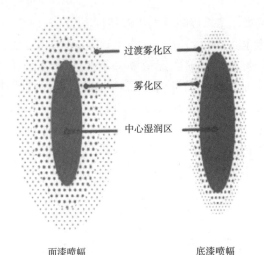

面漆喷幅　　　　底漆喷幅

随着 VOC 环保法规的要求及对提高油漆传递效率的要求，一些喷枪制造厂家推出了环保型喷枪，如 HVLP 喷枪。HVLP（High Volume Low Pressure）是高流量底气压英文单词的缩写，高流量指用较大的空气流量来进行涂料雾化，耗气量约为 350～450L/min；低气压指喷涂时喷枪空气帽处的压力为 70kPa，枪尾进气气压为 200kPa，远小于传统喷枪雾化所需的气压。环保型喷枪的优点是喷涂过程中工件表面实际获得的油漆量占油漆消耗量的比例高，即涂料传递效率高，传统的喷枪涂料传递效率为 30%～40%，而环保型喷枪涂料传递效率在 70% 以上。

由于环保型喷枪对压缩空气系统要求较高，供气量较大，很多一般的修理厂无法满足，且环保喷枪由于供气压力低，喷涂过程中喷枪与工件的喷涂距离要比传统喷枪近，故从操作习惯来讲，有些喷涂技师不习惯使用低气压的喷枪。针对这些状况，喷枪制造厂商同时也推出了介于传统喷枪与环保型喷枪之间的低流量中气压喷枪，简称 RP 喷枪。此喷枪的涂料传递效率在 65% 以上，而供气量仅为 295L/min，低于环保型喷枪和传统型喷枪，而喷涂气压、走强速度和传统型喷枪较为接近，目前也得到了广泛的使用。

针对小面积损伤的快速修补，喷枪制造厂家推出了小修补喷枪，小修补喷枪是专门用于小面积修补的小喷枪，其喷枪口径为 0.3～1.1mm，当修补区域油漆损伤在 20～30mm 范围内、凹陷填灰在 25mm 范围内、完工区域在 20cm×30cm 面积内情况下，可使用小修补喷枪进行修补。

不少专业的喷涂技师都有 2～3 把喷枪。通常每把喷枪都固定的用途，其中一把专门用来喷涂防锈底漆和中涂底漆，一把用来喷涂底色漆，另一把用来喷涂罩光清漆。

（三）喷枪的组成

喷枪主要由风帽、喷嘴、针阀、扳机、气阀、三个调节旋钮和手柄等组成，其中风帽、喷嘴、针阀俗称"喷枪三件套"，也是喷枪最关键的三个部件，如其中一个部件损坏需整套更换。

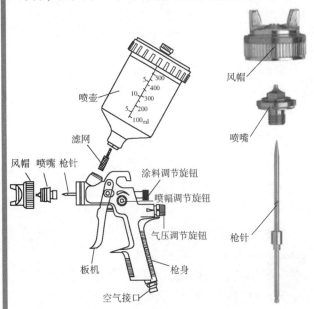

风帽能利用压缩空气将涂料雾化并使其形成喷束，通过螺纹拧到喷枪枪体上。在风帽上配有圆形的中心雾化孔、辅助雾化孔和扇面控制孔。中心雾化孔位于喷嘴末端，用来产生真空以排出涂料；辅助雾化孔促进涂料雾化；扇面控制孔在风帽的两个"牛角"上，利用空气压力使涂料形成"郁金香"型束状。

喷嘴控制着涂料的通断，且作为枪针的内座。平时枪针的尖端与喷嘴接触，扣动扳机可以将其拉开与喷嘴分离，同时涂料从喷嘴喷出。

喷枪枪针位于喷枪的中心，与扳机同步前后运动，是调节涂料出漆量的部件。轻轻扣动扳机，针阀打开，只有压缩空气流出，再继续扣动扳机，涂料将喷出。

（四）喷枪的调节

涂料出漆量调节旋钮是调节枪针运动的螺钉，

顺时针旋紧旋钮减少涂料流量，逆时针旋松旋钮增大涂料流量。

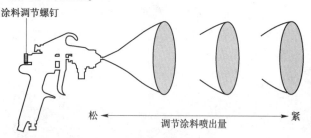

喷幅调节旋钮调节喷涂扇面的大小，顺时针旋松旋钮扇面变小，逆时针旋紧旋钮扇面变大。

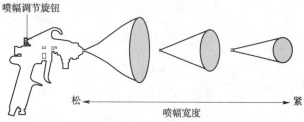

气压调节旋钮是调节从空压机供给空气压力的螺钉，为了能够准确调整气压大小，应使用气压表。如加装的气压表，原则上要让气压调节旋钮全开，通过调整气压表上的旋钮调节气压。

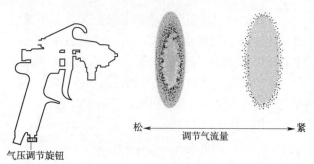

在实际的作业中，建议先调整出漆量和喷涂扇面、最后调整气压。当喷枪三个参数调节完毕后，可做喷幅测试，以查看验证喷枪是否调整至最佳喷涂状态。调整良好的喷枪做喷幅测试时应形状规则、中心湿润区较大，雾化、过渡雾化区范围较小且涂料分布均匀。

（五）喷涂运枪方法

喷涂作业中，在喷枪调整完毕的情况下，作业人员还要注意掌握喷枪的正确持握、站位、喷涂距离、喷涂角度、喷涂速度、喷幅重叠等基本技术要领。

握枪。正确的握枪姿势不但能缓解长时间喷涂作业时手部的疲劳，而且也是获得良好喷涂效果的基础。通常用手掌、小指和无名指握住喷枪手柄，大拇指和食指夹住枪身，使枪身在运行时保持稳定，用中指来扣动扳机。也可用中指和食指扣动扳机。

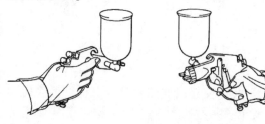

站位。喷涂时作业人员站的位置因人的身高、被涂物形状不同有所差异，但必须兼顾被涂物的左、右两端，以方便喷涂。通常先举枪，面对被涂物，双脚自然分开，喷枪的位置位于工件的中间，另一只手握气管，防止在喷涂过程中气管与被涂物接触。

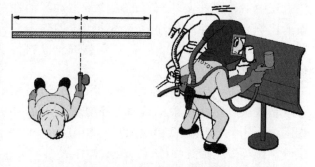

扳机的控制。喷枪是靠扳机来控制涂料的喷涂。扳机可以分为两挡，一挡是预喷压缩空气，二挡是流经喷嘴的涂料被压缩空气雾化喷出。扳机扣得越深，涂料流量越大。在常规的走枪过程中，扳机总是扣死，而不是半扣。为了避免每次走枪行将结束时所喷出的涂料堆积，有经验的喷漆工都要略略放松一点扳机，以减少供漆量。即喷枪在距工件尚有4~6cm时，就应扣动扳机喷出漆雾后再向前推进。同样，在工件表面都已喷上漆后，应仍继续向前一些，在喷枪离开工作面后再收枪。

喷涂距离。喷涂的距离因涂料品牌不同、喷涂设备不同、涂料黏度不同、喷涂气压不同都有所差异，但通常是在100~250mm之间。如喷涂距离太近，则可能产生流挂，在喷金属漆或珠光漆时甚至可能造成颜色与预期不一致的现象；如喷涂距离太远，则可能导致干喷、过喷，使涂料的流平性变差。在喷涂的金属漆或珠光漆，也可能存在颜色改变的可能性。故在实际喷涂时必须在调整好喷枪的前提下，在试枪纸上试枪后，方可确定最佳的喷涂距离。

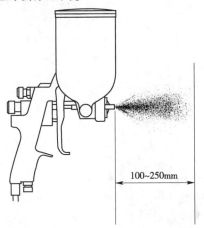

喷涂角度。喷枪对准被涂物表面必须是垂直，不允许倾斜。如喷枪出现倾斜，喷涂在工件表面的涂料就会产生膜厚不均匀的漆膜，可能导致金属漆或珠光漆产生色差。

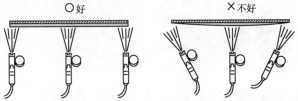

喷涂速度。喷涂作业时，喷枪移动的速度对涂装效果有很大的影响。如移动得太快，被涂物表面形成干喷，流平性差，颗粒粗；如移动得太慢，被涂物表面形成过湿喷涂，涂膜太厚，而且易产生流挂。

喷幅重叠。一般喷枪要求喷幅重叠50%～60%、70%～80%，即喷幅重叠1/2或3/4。如重叠1/2，从上往下喷涂一遍即被涂物表面喷涂了2次；如重叠3/4，从上往下喷涂一遍即被涂物表面喷涂了4次。一旦选择重叠1/2，那么从上往下喷涂必须都选择重叠1/2。

好

不好

四 项目实施

（一）技术标准与要求

1. 安全防护用品穿戴正确。

（六）喷枪清洗与保养

每次用完喷枪后，需立即用稀释剂（洗枪水）对其进行彻底的清洗，许多喷枪的故障多由清洁不当所引起，特别是现在广泛所使用的双组分涂料，因此正确地掌握喷枪清洗的方法非常重要。喷枪的清洗主要有两种：手工清洗和机器清洗。但无论是哪种方法，正确的清洗与保养能延长喷枪的使用寿命，同时也能降低企业成本。从喷枪内部的结构可知，喷枪使用后只要清洗涂料流经的通道即可。

风帽清洗。应将风帽放入洗枪水中刷洗，确认空气帽上每一个气孔为畅通状态，不可堵塞，否则会出现喷幅形状呈重心偏向一侧、偏左或偏右等雾化不均的现象，直接影响喷枪的雾化效果，导致喷涂不良。

喷嘴、枪针和涂料通道清洗。首先将流量调整旋钮拆下，将枪针取出，然后用专用工具将喷嘴取下，放入洗枪水中刷洗。枪针外壁、枪嘴内部要保持清洁，保证涂料通道畅通。用干净的洗枪水冲刷涂料通道，并用毛刷清洁。完毕后，安装枪嘴时，应用专用工具将喷嘴拧紧，否则会出现喷涂断断续续的现象。拧喷嘴时需用专用工具，拆装时应注意不要拆滑，这样会把喷嘴外六角部分损伤。

除了精细的日常清洗外，还应定期给喷枪加注润滑油。注意应该选择较稀且不含硅的润滑油。经常上油可以保持喷枪工作状态良好。由于正常的磨损和老化，密封圈、弹簧、针阀和喷嘴必须定期更换。更换应按生产厂家的说明进行，在清洗喷枪过程中不要把整把喷枪长时间浸泡在洗枪水中，这样会使密封圈硬化，并破坏润滑效果。

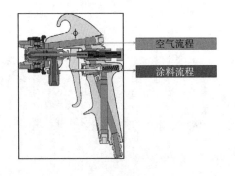

2. 拆卸、安装喷枪方法正确。
3. 枪身与涂料通道清洁干净。
4. 清洁后应立即将稀释剂吹干或擦干。
5. 安全操作。

（二）实训时间

20min。

（三）实训器材

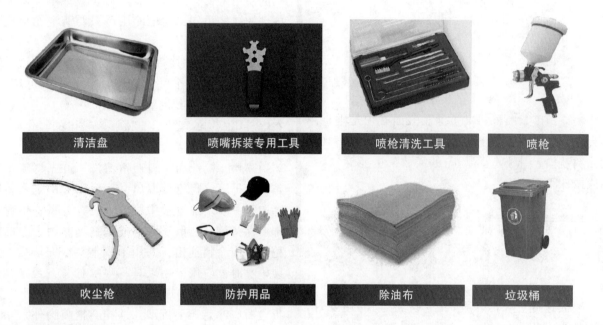

| 清洁盘 | 喷嘴拆装专用工具 | 喷枪清洗工具 | 喷枪 |

| 吹尘枪 | 防护用品 | 除油布 | 垃圾桶 |

（四）教学组织

1. 教学组织形式：实训教师 1 名，学生 24 名，6 个工位，每个工位 4 名学生实训，一名学生操作、其他学生观察、记录。

2. 学生站位分工和要求：学生按规定的工位站立，按教师的指令进行独立的操作。

3. 实训教师职责：安排学生工位，讲解操作步骤和注意事项；下达"开始操作"口令；工位巡视，检查、指导和纠正错误。

4. 学生职责：认真完成教师布置的任务；做好课后清洁、整理工作。

（五）操作步骤

操作前准备

参训学生穿好工作服（喷漆服）、安全鞋，将操作时用到的材料与工具整齐地摆放在操作台上并以跨立的姿势等待老师下达"开始操作"口令。

提示：

上实训课必须课前穿好实训服及安全鞋，做好操作前准备，有利于安全操作和提高工作效率。

手工清洗喷枪

第一步 取下喷壶

 穿戴防护用品。

提示:

清洗喷枪作业,操作要领详见项目1。

 将喷壶取下。

提示:

一只手固定喷壶,另一只手持喷枪向逆时针方向旋转。

第二步 拆卸、清洗喷枪

 取下风帽。

提示:

逆时针旋下风帽,浸泡在装有稀释剂的清洁盘中,注意轻放,防止溶剂飞溅。

 取下喷嘴。

提示:

用专用扳手逆时针旋松喷嘴,并旋下浸泡在装有稀释剂的清洁盘中,注意轻放,防止溶剂飞溅。

 取下出漆量调节旋钮。

4 取下枪针。

提示:

拔下枪针并将其浸泡在装有稀释剂的清洁盘中。

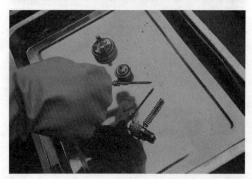

5 清洁分流环。

提示:

用毛刷将喷枪前端内的分流环处涂料刷洗干净。

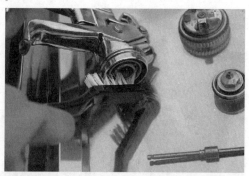

6 清洁涂料通道（一）。

提示:

用毛刷清洁涂料通道。

7 清洁涂料通道（二）。

提示:

用毛刷清洁涂料通道。

8 清洁枪身。

提示:

用毛刷清洁枪身。

9 用干净的稀释剂冲刷枪身及涂料通道。

10 清洁后用气枪将枪身及涂料通道吹干。

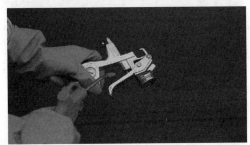

11 检查清洗后的效果。

提示：

清洗后要求枪身和涂料通道均无涂料残留。

12 将清洁后的枪身放置于干净的清洁盘中。

13 清洁风帽（一）。

14 清洁风帽（二）。

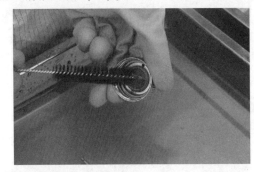

15 清洁风帽上的小孔。

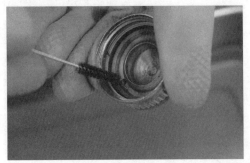

16 清洁中心孔。

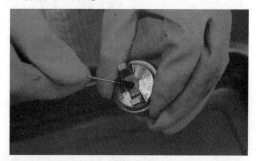

17 检查雾化孔是否有堵塞。

18 用干净的稀释剂冲刷风帽。

19 用气枪将清洁后的风帽吹干。

20 将清洁后的风帽放置于干净的清洁盘中。

21 检查清洗后的效果。

 提示：

要求风帽上无涂料残留，雾化孔、出气孔无涂料残留。

22 清洁喷嘴。

 提示：

用毛刷清洁喷嘴内涂料通道。

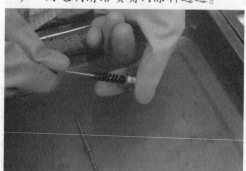

23 清洁喷嘴（二）。

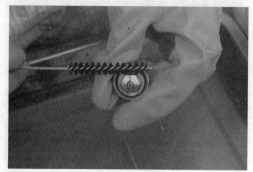

项目 4 喷枪清洗与保养

24 用干净的稀释剂冲刷喷嘴。

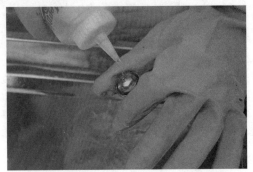

25 用无纺布将清洗过的喷嘴擦干。

26 将清洁后的喷嘴放置于干净的清洁盘中。

27 检查清洁后的效果。

 提示:

要求喷嘴上无涂料残留。

28 清洗枪针。

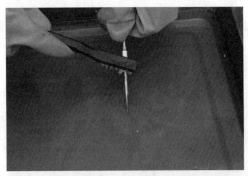

29 用无纺布将清洁后的枪针擦干。

30 检查清洗后的效果。

 提示:

要求枪针上无涂料残留。

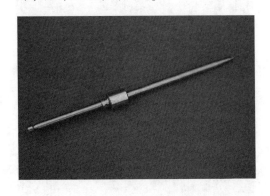

71

31 将清洁后的枪针放置于干净的清洁盘中。

32 喷枪清洗完毕。

♣ 第三步　安装喷枪

1 安装枪针。

可以在枪针上抹涂少许润滑油。

2 安装喷嘴。

先用手装上喷嘴，再用专用工具将喷嘴旋紧。

3 安装风帽。

4 喷枪清洗后安装完毕。

5 清洁工作台面。

操作结束后，需立即清洁工作台面，以备下一位同学练习。

五 教学评价

喷枪清洗考核评分表（满分100分）（时间15min）

姓名_____ 完成时间_____

考核时间	序号	项目	配分	评分标准	得分
15min	1	安全防护	18	未穿工作服（喷漆服）扣3分	
				未穿安全鞋扣3分	
				未戴防毒口罩扣3分	
				未戴护目镜扣3分	
				未戴工作帽扣3分	
				未戴抗溶剂手套扣3分	
	2	清洁效果	40	枪身上留有涂料扣2分/处，共6分扣完为止	
				枪身涂通道上留有涂料扣2分/处，共8分扣完为止	
				风帽上留有涂料扣2分/处，共8分，扣完为止	
				风帽上雾化孔中留有涂料扣1分/处，共6分，扣完为止	
				喷嘴上留有涂料扣2分/处，共6分，扣完为止	
				枪针上留有涂料扣2分/处，共6分，扣完为止	
	3	安全操作	30	拆卸喷嘴未用专用工具扣6分	
				暴力刷洗枪身、风帽、喷嘴扣6分	
				喷嘴拆装过程中由于操作不当引起的损伤扣6分	
				清洁用稀释剂超出200mL扣6分	
				清洁后未及时擦干喷枪各部件扣2分/处，共6分，扣完为止	
	4	清洁5S	12	清洗结束后，未整理工作台面扣1~12分	
		分数合计	100	实际得分	

六 知识拓展

（一）喷枪常见缺陷及解决方法

1. 喷幅呈香蕉型弯曲。

原因：风帽上其中一个扇面控制孔堵塞或变形；两边扇面控制孔气压不一致；雾化孔堵塞；喷嘴受损。

解决方法：重新彻底清洁风帽上的扇面控制孔、雾化孔；更换喷枪三件套。

原因：风帽上其中一个扇面控制孔堵塞或变形，因气流的不均匀令雾化的油漆偏向一边；喷嘴损坏，雾化孔与喷嘴间的间隙不均匀令雾化的油漆偏向一边。

解决方法：重新彻底清洁风帽上的扇面控制孔；必要时更换喷枪三件套。

2. 喷幅中的湿润区偏向一边。

3. 油漆积聚在中央，喷幅散不开。

原因：喷涂气压太低，扇面控制孔压力太低，不足以压出扇面；涂料黏度太高；喷嘴损坏；喷幅调节旋钮未打开。

解决方法：调整黏度；增大喷涂压力；检查喷涂调节旋钮是否打开。

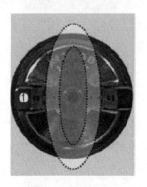

4. 喷幅跳动及不连续。

原因：枪壶中涂料不足；枪壶的通气孔堵塞；涂料通道堵塞；喷嘴未拧紧。

解决方法：添加涂料；清洁枪壶通气孔；清洁喷枪涂料通道；拧紧喷嘴。

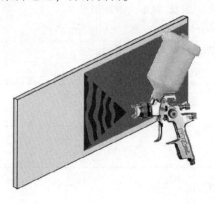

（二）喷枪清洗保养过程中注意事项

1. 选用 pH 值在 6~8 的清洁液，过高或过低酸碱度的清洁液会腐蚀喷枪的电镀层，从而使其剥落。

2. 建议每次使用喷枪后都必须拆卸外嘴，彻底清洗。用带溶剂的毛刷仔细洗净空气帽和喷嘴及枪体。当空气孔被堵塞时可用专用细针疏通，绝对不能用过粗的金属针去强行捅刷。应特别注意不要碰伤喷嘴。

3. 在暂停工作时，可将风帽浸入溶剂中，以防涂料干固，堵住雾化孔。但不应将喷枪全浸泡在溶剂中，这样会损坏各部位的密封垫圈，从而造成漏气、漏漆的现象。

4. 检查针阀垫圈、空气垫圈密封部是否泄漏，有泄漏时应及时更换，应经常在密封垫圈处涂油，使其变软，利于滑动。

5. 枪机的螺栓、空气帽螺纹、涂料调节旋钮和空气调节旋钮等应经常涂油，保证能灵活转动。枪针部和空气阀部的弹簧也应涂润滑脂或润滑油，以防生锈不利于滑动。

6. 在使用时，需注意不要让喷枪碰撞被涂物或掉落地上，不然会造成永久性损伤而不能再使用。

7. 喷枪不要随意拆卸。

8. 在卸装喷枪时，应注意各锥形部位不应粘有垃圾和涂料，空气帽和喷嘴绝对不应有任何损伤。

项目 5　中涂底漆施工

一　学习目标

1. 了解中涂底漆的作用、特性、分类。
2. 了解压缩空气供给系统相关知识。
3. 掌握中涂底漆喷涂时喷枪正确调整的方法。
4. 掌握中涂底漆调配、喷涂、干燥的技能。

二　情景导入

当汽车受损区域已做底材处理及原子灰施工后，为使修补后的涂层与原厂涂层一致，必须喷涂双组分中涂底漆。中涂底漆起封闭底材涂层和填充的作用，为面漆喷涂提供良好的基础，以提高面漆的鲜映性和丰满度。

现有一辆车，后翼子板已做好底材处理及原子灰施工。在规定的时间内，请以最经济的方式，按照规范工艺，完成后翼子板中涂底漆的施工，包括中涂底漆前处理、中涂底漆的调配、中涂底漆的喷涂、中涂底漆的打磨。

三　知识链接

(一) 概述

中涂底漆层在涂层组合中是在面漆层之下底漆层之上的中间涂层，主要起增强涂层间附着力、加强底涂层的封闭性及填充细微痕迹的作用。因此中涂底漆要有一定的附着力、耐溶剂性及填充性，以保证为面漆提供一个完美的施工表面，并能突出面漆的装饰性。

(二) 中涂底漆的组成

中涂底漆主要由颜料、树脂、溶剂、添加剂组成。其中颜料为体质颜料，占组成中60%~70%。

(三) 中涂底漆的特性

1. 与底漆、原子灰、旧涂层及面漆有良好的配套性，涂层间的结合力强，不被面漆的溶剂所咬起。
2. 干燥后涂层硬度适中，能抗石击，具有良好的打磨性及耐水性，打磨后表面平整光滑，无起皱、脱皮等，局部喷漆边缘平滑性好，无接口痕迹。
3. 有良好的填充性能，经喷涂打磨后能消除底材上的轻微划痕、砂眼等。
4. 有良好的隔离性能，防止底漆层、原子灰层、旧涂层不良物质向面漆层渗出而污染漆膜表面，破坏面漆层的装饰性和阻止面漆层的溶剂渗透到底涂层、原子灰层、旧漆层。
5. 具有良好的施工性能，如温度适应性好、干燥迅速、施工容易等。

(四) 中涂底漆的分类

根据组分不同分为单组分中涂底漆和双组分中涂底漆。

单组分中涂底漆自然干燥速度快于双组分中涂底漆，但是隔离性、填充性、附着力、耐候性都比双组分中涂底漆差，通常只适用于小面积修补喷涂，且由于无法添加柔软剂降低柔韧性，所以不能喷涂在塑料件上，否则容易造成涂膜开裂、剥落。双组分中涂底漆在常温（20℃）情况下自然干燥时间为1~2h，为了加快其干燥速度，可以采用短波红外线烤灯加热，在15min后涂膜即可固化打磨，这样既缩短了干燥时间，又能保证作业效率。

（五）中涂底漆施工工艺

中涂底漆施工工序分为中涂底漆喷涂前处理、中涂底漆调配、中涂底漆喷涂、中涂底漆打磨。

1. 中涂底漆喷涂前处理流程。

（1）对于有旧漆层或涂有电泳底漆的工件整板喷涂时，用P320干磨砂纸配合7（6）号双动作打磨头打磨整个工件原有涂层，边角部位及打磨头难以打磨到的部位用红色菜瓜布打磨；如底材是电泳底漆涂层也可全程用红色菜瓜布手工打磨，直至打磨后原涂层完全处于哑光状态；局部修补时，用P320砂纸配合7（6）号双动作打磨头打磨除原子灰之外的中涂底漆喷涂区域，要求宽度在15~20cm。

（2）用吹尘枪吹去表面灰尘，清洁、除油。

（3）采用反向遮蔽的方法对不需要喷涂的区域进行贴护。

2. 中涂底漆调配工艺。

（1）根据底色漆的灰度选择合适的中涂底漆灰度值，可查阅涂料生产厂商的资料。

（2）为达到完美修补，建议使用双组分中涂底漆。注意根据喷涂面积合理地调配中涂底漆用量，避免浪费。

（3）根据产品使用说明，按规定比例添加固化剂与稀料，并充分搅拌；需使用配套的比例尺，不同品牌的比例尺比例有所差异，不可混用。

（4）调配后，在中涂底漆的活化时间内完成喷涂工作，通常在常温（20℃）时中涂底漆的活化时间为2h。超过2h不可再用，需重新调配。

3. 中涂底漆喷涂的方法及注意事项。

（1）选择合适的喷枪进行喷涂，通常选择底漆喷枪。如喷涂免磨中涂底漆时应选择面漆喷枪，这样能使喷涂后的漆面橘纹小、光滑、平整。

（2）喷涂2~3层的中涂底漆，膜厚可达50~70μm，必要时可多喷涂几层，但最厚不得超过150μm，以免漆层开裂。免磨中涂底漆湿喷一层即可，膜厚需控制在20~35μm。

（3）整板喷涂时可先喷边再喷面。在修补喷涂时中涂底漆将喷涂三层，第一喷涂层是对底层的初步封闭，因此要喷得薄一些，起屏蔽涂层作用，这将避免在后续填充中涂底漆时溶剂渗透到旧的油漆层中引起隆起。第二层和第三层喷涂是真正起到填充的作用，当第一层经过充分闪干静置后（直到无光泽），便可以喷涂第二层，第二层经过闪干静置（直到无光泽），然后才喷第三层。要确保每一层的中涂底漆面积都要比上一层的喷涂面积宽出一掌的范围，但喷涂范围不得超过贴护部位，以免产生硬边。

4. 中涂底漆打磨。

除在"湿碰湿"工艺中使用免磨中涂底漆外，其他的中涂底漆必须打磨后才可喷涂面漆，素色底色漆用P400干磨砂纸打磨，金属底色漆用P500干磨砂纸打磨。通过合理的打磨，以获得光滑、平整且具有一定附着力的表面。

中涂底漆打磨方法如下：

（1）在中涂底漆上均匀地抹涂打磨指示剂，用P400~P500号砂纸配合3号打磨头研磨整个表面。如是在原子灰上喷涂的修补中涂底漆或中涂底漆有流挂时，则在抹涂打磨指示剂后先用P320砂纸配合手磨板整平原子灰上的中涂底漆或流挂部位，然后再抹涂打磨指示剂用P400~P500配合3号打磨头进行打磨，以使漆面更加的平整、光滑。

（2）边角部位或打磨头难以打磨到的部位可用灰色菜瓜布、海绵砂纸手工打磨。

（3）中涂底漆也可采用水磨的方法，水磨时用800~1000号砂纸进行手工打磨，但工作效率会大大降低。

（4）吹尘、除油，检查橘纹是否磨透，如未打磨透，继续打磨直至磨透。

（六）压缩空气供给系统介绍

压缩空气供给系统为汽车修补漆作业中各种气动工具提供了动力来源，如气动打磨机、喷枪等。它由压缩机、储气罐、干燥机、精密过滤器、供气管路组成。

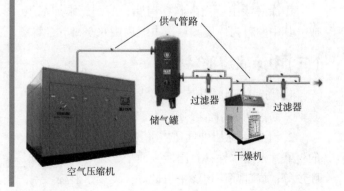

1. 空气压缩机。

空气压缩机就是这些气动工具的动力源，它以电动机为动力，将空气压力从普通大气压升到更高的压力，并通过管路、气路将动力传给气动工具。目前根据机械运动方式不同将空气压缩机分为活塞式、螺杆式、膜片式。

膜片式空气压缩机适用于小型喷枪或设备供气，但不适合汽车修理这种所需消耗量较大和气压较高的设备供气，所以汽车修理厂使用较少。

活塞式空气压缩机属于中高压压缩机，效率高、气量足、可靠性好、寿命相对较长，但其流量稳定性不高，结构复杂，机器运转噪音大且零部件容易损坏，维修频率高。一般适用于小型维修厂。

螺杆式空气压缩机结构全封闭、体积小、噪声低、振动小、安全、节能，工作效率高，可靠性好，产生的高压空气流量稳定，已逐渐代替活塞式空气压缩机，被广大综合性4S维修站所使用。螺杆机结构简单，更加智能，平时保养比活塞式简单，只需定期更换机油、机油滤芯、空气滤芯。通常新机在磨合期工作500h更换机油和机油滤芯，此后每工作2000h更换机油和机油滤芯。平时应检查散热器是否被堵塞，如堵塞，用气枪吹净。

2. 储气罐。

空气压缩机输出的压缩空气并不是直接供给气动工具，而是先储存在一个容器中，这个容器叫作储气罐。其作用是减少压缩机的运转时间，又能保证供给气动工具用气的需要，同时让压缩空气在储气罐中进行冷却、沉淀，更有利于除水除污。只有当储气罐气体压力达到气动工具运转所需的压力值时，气动工具才能正常地工作。储气罐实质上是个蓄能器，其容量越大，所储存的压缩空气量就越多。只有当气动工具工作时，气压下降到一定值，压缩机才会重新运转向储气罐补充压缩空气。在平时使用时，应定期打开储气罐底部的排水阀进行排水。

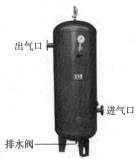

3. 干燥机。

干燥机主要用于降低压缩空气的温度、湿度，它既可以吸收气流的热量又可以清除杂质和残余的油、水。若没有将空气中的油和水清除干净，会造成喷漆中常见的"鱼眼"缺陷。

4. 精密过滤器。

精密过滤器又称油水分离器，它能滤除压缩空气中的油、水及杂质颗粒，以保证压缩空气干净、无水、无油、干燥，使喷涂后的漆面不会出现"油点"、"脏点"等缺陷。

5. 供气管路。

供气管路是将空压机产生的高压空气输送给气动工具。供气管路可以使用硬管，也可以用软管。有固定管理工位的设备一般用硬管输送到固定位置，再用软管接到气动工具上。管路的设置非常重要，在设置时应考虑到如何最大化地发挥设备的作用，以取得良好的效果。在设置时应注意以下几点：

（1）管路的材质应选择管路内部不生锈、不氧化、不脱落的材质。

（2）根据维修场地的用气量及主供气管路的长度来选择主管路的内径，将主供气管路设置成全封闭环形回路，以保证各工作岗位气压的恒定。整个环形回路与水平面应产生一个0.5°~1°的倾斜，并在管路最低处设置自动排水阀。

（3）支线管路必须从主管路的顶端呈"天鹅颈"接出，避免管路中水及冷凝物导入油水分离器中或气动工具中。

（4）管路尽量缩短直线、减少弯道及各类阀门，以减少压力损失。

压缩空气主管路的最小内直径

最小管内直径 \ 管路长度 \ 压缩空气量	50m以下	150m以下	150m以上
500L/min	$\frac{3}{4}$in	1in	内径尺寸更大的管路
1000L/min	1in	$1\frac{1}{4}$in	
1500L/min	1in	$1\frac{1}{2}$in	
2000L/min	$1\frac{1}{4}$in	2in	
3000L/min	$1\frac{1}{2}$in	2in	

注：1in = 254mm。

不同长度软管的气压下降表

软管内径	操作气压 \ 气压下降(bar) \ 软管长度	5m	10m	15m
6mm	3 bar	0.7	1.2	1.8
	4 bar	1.0	1.6	2.2
	5 bar	1.3	1.9	2.5
	6 bar	1.5	2.2	2.8
9mm 建议使用	3 bar	0.23	0.38	0.60
	4 bar	0.34	0.55	0.81
	5 bar	0.43	0.63	0.92
	6 bar	0.60	0.80	1.10

注：$1\text{bar} = 10^5 \text{Pa}$

四 项目实施

（一）技术标准与要求

中涂底漆前处理技术标准如要求如下：

1. 安全防护用品穿戴正确。
2. 干磨机使用正确，打磨头与工件接触后再启动。
3. 中涂底漆前处理用 P320 砂纸配合 7（6）号双动作打磨头打磨旧涂层。
4. 边角部位用红色菜瓜布打磨。
5. 打磨后原涂层表面光滑、平整、无划痕、无漏底材，如磨穿需涂防锈底漆。
6. 边角部位用红色菜瓜布打磨。
7. 废弃物正确处理。
8. 安全操作。

环氧、中涂底漆选择与调配技术标准与要求如下：

1. 安全防护用品穿戴正确。
2. 中涂底漆灰度值正确选择。
3. 比例尺正确使用。
4. 中涂底漆、环氧底漆调配比例正确，参考产品使用说明。
5. 稀释剂、固化剂正确选择。
6. 废弃物正确处理。
7. 安全操作。

中涂底漆喷涂技术标准与要求如下：

1. 安全防护用品穿戴正确。
2. 底漆喷枪选择正确，喷枪口径为 1.6mm 或 1.8mm，喷枪调整正确。
3. 中涂底漆喷涂方法正确（整板喷涂要求 2 个湿层，修补喷涂要求 1 个薄层加 2 个湿层，层与层之间闪干时间合理）。
4. 废弃物正确处理。
5. 安全操作。

中涂底漆打磨技术标准与要求如下：

1. 安全防护用品穿戴正确。
2. 干磨机使用正确，打磨头与工件接触后再启动。

3. 用P320~P500砂纸配合手磨板和3号双动作打磨头打磨中涂层。
4. 边角部位用灰色菜瓜布打磨。
5. 打磨后中涂底漆表面平滑；打磨彻底，无露底、无橘皮、无磨穿、无划痕。
6. 废弃物正确处理。
7. 安全操作。

(二) 实训时间

1. 中涂底漆前处理：20min。
2. 中涂底漆选择与调配：20min。
3. 中涂底漆喷涂：30min。
4. 中涂底漆打磨：30min。

(三) 实训器材

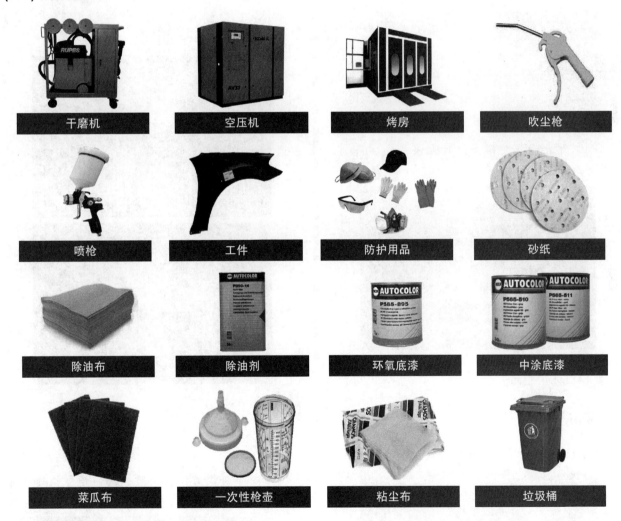

干磨机　空压机　烤房　吹尘枪

喷枪　工件　防护用品　砂纸

除油布　除油剂　环氧底漆　中涂底漆

菜瓜布　一次性枪壶　粘尘布　垃圾桶

(四) 教学组织

1. 教学组织形式：实训教师1名，学生24名，6个工位，每个工位4名学生实训，一名学生操作，其他学生观察、记录。
2. 学生站位分工和要求：学生按规定的工位站立，按教师的指令进行独立的操作。
3. 实训教师职责：安排学生工位，讲解操作步骤和注意事项；下达"开始操作"口令；工位巡视；检查、指导和纠正错误。
4. 学生职责：认真完成教师布置的任务；做好课后清洁、整理工作。

（五）操作步骤

操作前准备

参训学生穿好工作服、安全鞋，将操作时用到的材料与工具整齐地摆放在操作台上，并以跨立的姿势等待老师下达"开始操作"口令。

提示：

上实训课必须课前穿好实训服及安全鞋，做好操作前准备，有利于安全操作和提高工作效率。

🌲 第一步　中涂底漆前处理（原厂电泳层）

 用无纺布擦去工件上的灰尘。

提示：

如工件表面灰尘不多，只需擦去灰尘即可，不需要用吹尘枪吹尘。

 穿戴防护用品。

提示：

除油作业，操作要领详见项目1。

 将除油剂均匀地喷涂在电泳涂层上。

 用除油布将工件上除油剂擦干。

提示：

待除油剂将工件表面脏物溶解后，快速用除油布将除油剂擦干。

中涂底漆施工 项目 5

  更换防护用品。

提示:

打磨作业,操作要领详见项目1。

  检查电泳层有无损伤、钣金件是否有损伤,并做记号。

提示:

钣金件在运输过程中,表面涂层会有一定程度的擦伤,有些钣金件甚至会有钢板损伤。故在处理前,先检查,后处理。对于深划痕要打磨平顺;钣金件钢板损伤需用原子灰修复。

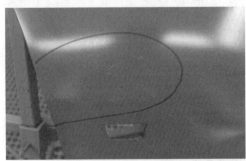

  选择打磨头、打磨砂纸。

提示:

由于电泳涂层较薄只有15μm左右,很容易打磨平整,故需用3号头配合P240砂纸打磨深划痕即可。

  将砂纸贴在打磨机托盘上。

提示:

砂纸的孔要与磨垫的吸尘孔对齐。

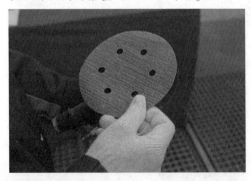

  启动打磨机。

提示:

将打磨机启动开关指向"AUTO"挡,即自动吸尘挡。

81

10 打磨损伤涂层。

 提示:

打磨损伤涂层,将损伤涂层打磨透(看到底材)。打磨方法可参考羽状边打磨。

11 用无纺布擦去打磨后留下的粉尘。

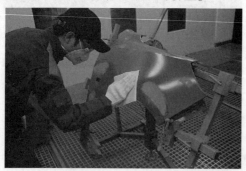

12 粘贴打磨软垫。

 提示:

由于翼子板表面形状较为复杂,添加软垫后,更方便打磨。

13 选择打磨砂纸。

 提示:

使用3号打磨头配合P320砂纸打磨电泳层。

14 将砂纸粘在打磨头上。

 提示:

砂纸的孔要与磨垫的吸尘孔对齐。

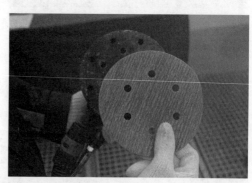

15 打磨电泳层。

 提示:

(1)务必将打磨头与工件充分接触后再启动打磨头。

(2)打磨过程中,只要将打磨头放在被打磨表面上左右移动即可,不可在打磨头处施加压力,以免打磨后涂层表面不平整(打磨过度)。

(3) 打磨时应从左往右,从上往下按顺序依次打磨,对此类翼子板,可以根据筋线为界线,将打磨区域分为上、中、下三个板块。

(4) 为提高打磨效率,尽量使打磨过的地方一次性成功(符合标准),故在打磨过程中,应一边打磨一边检查,避免来回多次打磨。

16 打磨后的效果。

尽量用打磨头打磨整个电泳层,边角部位可用红色菜瓜布打磨。

17 用红色菜瓜布打磨电泳层。

对于边角部位,不可用打磨机打磨,可选用红色或绿色的菜瓜布打磨,打磨至哑光。

18 将菜瓜布粘在打磨头上打磨电泳层。

(1) 通过菜瓜布打磨,将电泳层磨得更加光滑。

(2) 在打磨的同时又能吸去底材上研磨残留的粉尘。

(3) 采用与砂纸打磨同样的方法，依次打磨整个表面。

 用菜瓜布打磨后的效果。

提示：

通打磨头与菜瓜布配合打磨，使整个电泳层打磨得更加透彻，大多数的粉尘都已吸入集尘袋中，更加环保。

20 用无纺布擦去工件上多余的粉尘。

 更换防护用品。

提示：

除油作业，操作要领详见项目1。

22 将除油剂均匀地喷涂在工件表面上。

23 用除油布将工件上的除油剂擦去。

中涂底漆施工 项目5

24 电泳层打磨完毕（中涂前处理）。

（1）表面光滑、哑光并带有一定的粗糙度，原电泳层划痕部位平顺无台阶。

（2）对于有露底材的区域，可以采用喷涂（刷涂）环氧底漆的方法，以起到防锈作用。由于此次翼子板露钢板处较多，故采用喷涂的方法。

25 整理工位。

操作结束后，将工作台面、操作现场清洁干净，以备下一位同学操作。

🌲 第二步　环氧底漆、中涂底漆调配

1 参训学生穿好喷漆服、安全鞋，将操作时用到的材料与工具整齐地摆放在操作台上，并以跨立的姿势等待老师下达"开始操作"口令。

上实训课必须课前穿好实训服及安全鞋，做好操作前准备，有利于安全操作和提高工作效率。

2 穿戴防护用品。

调漆作业，操作要领详见项目1。

3 选择此次实操使用环氧底漆的型号。

本次实操使用的是 PPG Autocolor P565-895 环

85

氧底漆。

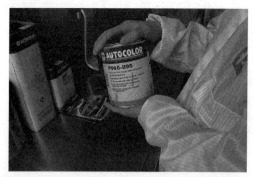

 查看产品使用手册。

提示：

经查询涂料、固化剂、稀释剂的比例为 4:1:1。

 阅读 P565－895 环氧底漆使用说明。

P565-895超快干无铬环氧底漆

产品特性

用于提高裸金属（包括镀锌铁材）的附着力及防腐性。该底漆干燥迅速，并可直接在其上刮原子灰。

包装：1公升

底材 裸钢材、镀锌板材、铝材、玻璃钢、聚酯原子灰、预涂底漆和状态良好的旧漆膜

	P565-895	4份
	P210-938/939/842/8430	1份
	P850-2K 稀释剂	1份

17-20秒DIN4
(22-26秒BSB4)

1.3-1.6mm
1.5-2.0巴

喷1-2道单层，干膜厚度达到15-20微米

喷涂中涂底漆前需要静置5-10分钟
低气温下，静置时间可以更长
喷涂中涂底漆前的停留时间不得超过8小时

通常无需打磨表面
如需要，在喷涂30分钟后使用P1200砂纸去除尘点

 86

 用专用工具打开环氧底漆罐盖。

 搅拌罐中环氧底漆。

提示：

用调漆尺将罐中环氧底漆基料充分搅匀。

用纸卡片刮去调漆尺上的油漆。

 清洗调漆尺。

提示：

调漆尺使用结束后需立即清洗，以备下次使用。

将环氧底漆倒入漆杯中。

提示:

根据被涂物面积的大小倒入一定量的环氧底漆,倒漆时仔细观察漆杯中油漆的位置。

 倒入相应比例的固化剂。

提示:

应根据施工面积及施工周围的温度来选择合适的固化剂。

 倒入相应比例的稀释剂。

提示:

应根据施工面积及施工周围的温度来选择合适的稀释剂(室温在15℃以下用快干稀释剂;室温在15~25℃用标准稀释剂;室温在25℃以上用慢干稀释剂)。

 搅匀调漆杯中的环氧底漆、固化剂、稀释剂。

提示:

用调漆尺把杯中的涂料充分搅匀。

 清洗比例尺。

提示:

调配后立即把比例尺用稀释剂清洗干净。

 盖上喷壶壶盖。

提示:

将壶盖与壶对准后用力往下压,然后以顺时针方向旋紧。

装上喷枪。

提示：

（1）建议用口径为1.3mm的面漆喷枪喷涂环氧底漆，使喷涂后漆面更光滑、细腻。

（2）左手固定喷壶，右手持枪，对准螺纹口，顺时针拧紧。

 环氧底漆调配完毕。

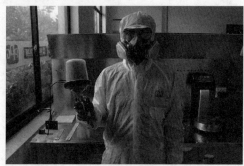

 选择此次实操使用中涂底漆的型号。

提示：

本次操作使用的是 PPG Autocolor P565-510 中涂底漆。

 查看产品使用手册。

提示：

经查询调配比例为 5:1:1。

 阅读 P565-510 中涂底漆使用说明。

 用专用工具打开中涂底漆罐盖。

 用调漆尺将中涂底漆基料充分搅匀。

提示：

中涂底漆中含有较多的体质颜料，使用前必

须把罐底的固体成分充分搅拌均匀，以免影响调配后的黏度及填充效果。

23 用纸卡片刮去调漆尺上的油漆。

24 清洗调漆尺。

调漆尺使用后需立即清洗，以备下次使用。

25 将中涂底漆倒入漆杯中。

根据被涂物面积的大小倒入一定量的中涂底漆，倒漆时仔细观察漆杯中油漆的位置。

26 倒入相应比例的固化剂。

应根据施工面积及施工周围的温度来选择合适的固化剂。

27 倒入相应比例的稀释剂。

应根据施工面积及施工周围的温度来选择合适的稀释剂。

28 搅匀调漆杯中的中涂底漆、固化剂、稀释剂。

用调漆尺把杯中的涂料充分搅匀。

清洗比例尺。

提示：

调配后立即把比例尺用稀释剂清洗干净。

 盖上喷壶壶盖。

提示：

将壶盖与壶对准后用力往下压，然后以顺时针方向旋紧。

 装上底漆喷枪。

提示：

左手固定喷壶，右手持枪，将螺纹口对准后，顺时针拧紧。

 中涂底漆调配完毕。

33 清洁工作台。

提示：

操作结束后，需及时清洁操作台面，以备下一位同学练习。

第三步 喷涂环氧、中涂底漆（整板喷涂）

 参训学生穿好喷漆服、安全鞋，将操作时用到的材料与工具整齐地摆放在操作台上，并以跨立的姿势等待老师下达"开始操作"口令。

提示：

上实训课必须课前穿好实训服及安全鞋，做好操作前准备，有利于安全操作和提高工作效率。

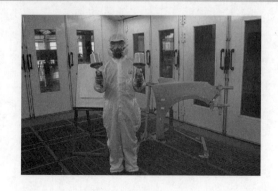

中涂底漆施工 项目5

2 将粘尘布充分地展开。

3 用粘尘布对被涂物表面进行粘尘。

从上往下依次轻擦整个被涂物表面，不得重压粘尘布，以免将粘尘布上的树脂留在被涂物表面，引起喷涂缺陷。

4 调整喷枪出漆量。

对于整板喷涂，建议将出漆量调整到最大。

5 调整喷幅喷涂扇面。

对于整板喷涂，建议将喷幅调整至最大。

6 调整喷涂气压。

对于整板喷涂，建议将气压调整到 2~2.5bar。

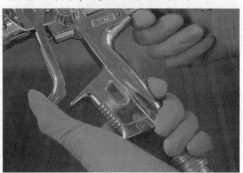

7 试枪。

试喷涂，查看喷枪雾化状态是否调整至最佳。

8 环氧底漆喷涂过程。

提示：

（1）环氧底漆主要起到防腐蚀及提高附着力

的作用，建议只需喷涂一个连续的薄层即可。

（2）走枪时，在枪距不变的情况下，通过改变压枪和走枪速度来控制喷涂涂层的厚薄。

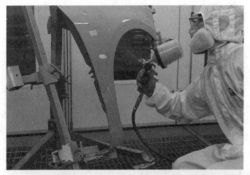

 喷涂后的效果。

提示：

一个连续的薄涂层，能透过环氧层看到底材，即达到了防腐、增加附着力的要求，又可减少涂料的消耗，同时又能缩短闪干时间。大大地提高了施工效率。

 待环氧底漆闪干后方可喷涂中涂底漆。

提示：

侧面观察整个涂层呈现出哑光状。

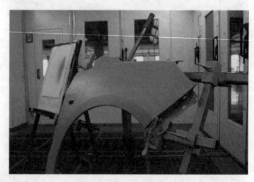

 调整中涂底漆喷枪出漆量。

提示：

整板喷涂，建议将出漆量开到最大。

中涂底漆施工 项目 5

12 调整喷涂扇面。

整板喷涂时，建议将喷涂扇面开到最大。

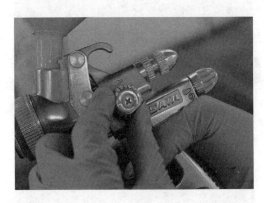

13 调整喷涂气压。

整板喷涂时，建议将气压调整到 2~2.5bar。

14 进行喷涂前试枪。

查看喷枪是否调整至雾化最佳状态。

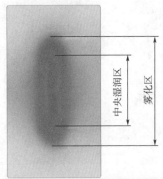

15 喷涂第一层中涂底漆过程。

（1）通常中涂底漆喷涂 2~3 层，才能达到规定的要求。喷涂时，先喷涂工件的边缘，后喷涂工件的表面。

（2）由于中涂底漆主要起到填充作用，故喷涂时要注意喷涂距离不要太远，甩枪幅度不要太大，以免产生过多的飞漆，从而浪费涂料。

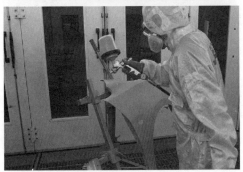

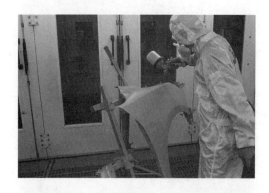

 第一层中涂底漆喷涂完毕。

提示:

(1) 在底涂层完好的情况下, 第一层可以喷涂为湿涂层。

(2) 待第一层中涂底漆自然闪干后方可喷涂下一层。

 中涂底漆完全闪干后, 表面呈哑光状。

18 喷涂第二层中涂底漆。

提示:

(1) 要求第二层中涂底漆湿喷。

(2) 喷涂后应膜厚应达到 70μm 左右, 修补喷涂最大不得超过 150μm, 过厚的中涂, 将需要更长的干燥时间, 降低工作效率。

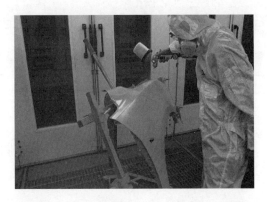

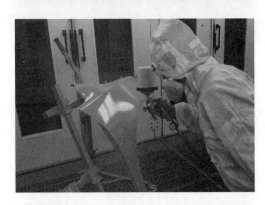

 中途底漆喷涂完毕。

提示：

喷涂后漆面要求无漏喷、无流挂、表面光滑，以方便打磨。

 整理工位。

提示：

操作结束后，需及时清洁操作区域，以备下位同学练习。

 清洗喷枪。

提示：

双组分中涂、环氧在喷涂结束后需立即清洗喷枪，以备下次使用。

第四步 喷涂中涂底漆（修补）

 参训学生穿好喷漆服、安全鞋，将操作时用到的材料与工具整齐地摆放在操作台上，并以跨立的姿势等待老师下达"开始操作"口令。

提示：

上实训课必须课前穿好实训服及安全鞋，做好操作前准备，有利于安全操作和提高工作效率。

 操作者将粘尘布充分地展开。

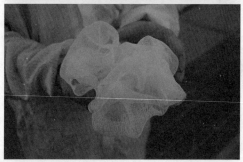

 用粘尘布对被涂物表面进行粘尘。

 调整出漆量。

提示：

对于修补喷涂，根据被涂物的喷涂面积对出漆量做一定的调整，不要全部打开，建议打开1.5～2圈。

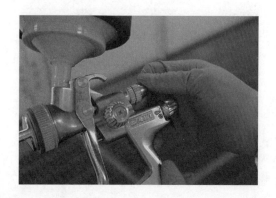

 调整喷涂扇面。

提示：

对于修补喷涂，扇面的大小应根据被涂物喷涂表面的形状来调整。不得全部打开，以免喷涂范围过大。建议应在试枪纸上做试喷，然后调整喷涂扇面，直至合适大小。

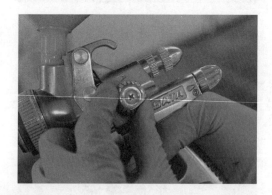

 调整喷涂气压。

提示：

对于修补喷涂，在出漆量减少、喷涂扇面减小的情况下，必须适当地降低气压，使喷涂雾化效果最佳。

中涂底漆施工 项目 5

 试枪。

提示：

在修补喷涂时，需多次调整、多次试枪，以达到最佳喷涂效果。

 修补中涂底漆第一层喷涂。

提示：

（1）修补喷涂时通常喷涂三个中涂涂层，且每一个涂层要大于或小于上个涂层。不能每次喷涂大小都一样，以免边缘过渡不佳。

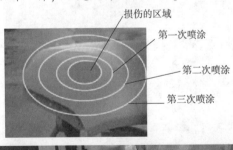

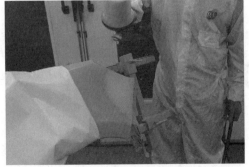

（2）第一层是对底涂层起到封闭的作用，因此要喷得薄一些（屏蔽涂层），起到隔离的作用。不得喷涂太厚、太湿，以免溶剂渗到旧涂层引起隆起。

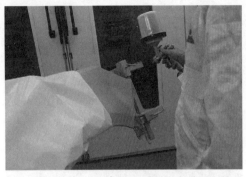

（3）为达到一个薄层，走枪速度加快。注意起枪与收枪的位置，避免喷涂范围过大。

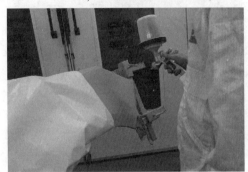

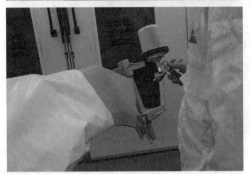

 检查第一层喷涂后效果。

⑩ 喷涂第二层中涂底漆。

提示：

（1）第二层中涂底漆要求足够湿润，以起到

97

填充的作用。

（2）喷涂范围大于第一层。

（3）修补喷涂可采用弧形喷涂手法，使边界过渡平顺。

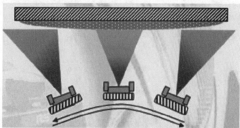

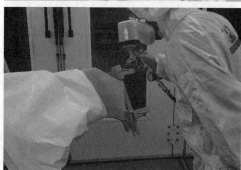

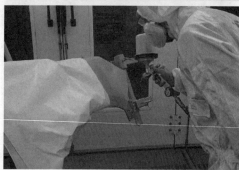

 检查喷涂后的效果。

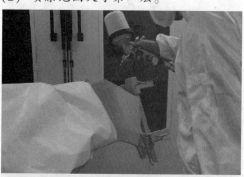 喷涂第三层中涂底漆。

提示：

（1）待第二层中涂底漆完全闪干后，喷涂第三层中涂底漆，要求足够湿润，以起到填充的作用。

（2）喷涂范围大于第二层。

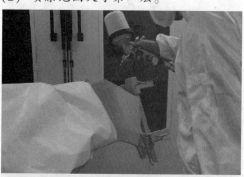

 检查喷涂后的效果。

提示：

修补喷涂后，要求遮蔽纸上没有明显的涂料，换言之，在喷涂过程中，不得将涂料喷涂到遮蔽纸上，以免产生"硬边"，出现"台阶"。

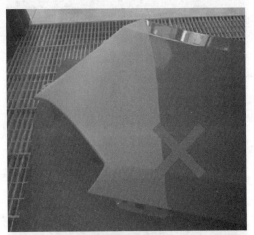

14 取下遮蔽纸后效果。

15 整理喷涂气管。

操作结束后，需及时清洁操作区域，以备下位同学练习。

16 清洗喷枪。

双组分中涂、环氧在喷涂结束后需立即清洗喷枪，以备下次使用。

第五步　中涂底漆打磨

1 参训学生穿好工作服、安全鞋，将操作时用到的材料与工具整齐地摆放在操作台上，并以跨立的姿势等待老师下达"开始操作"口令。

上实训课必须课前穿好实训服及安全鞋，做

好操作前准备，有利于安全操作和提高工作效率。

 检查中涂底漆漆面。

提示：

（1）打磨前仔细检查中涂底漆漆面的状况，是否有流挂、漏喷等缺陷，为下步打磨作业做好准备。

（2）经检查，该中涂底漆漆面状况良好，无喷涂缺陷，故只需用P400~P500干磨砂纸打磨即可，不需要进行其他打磨、整平作业。

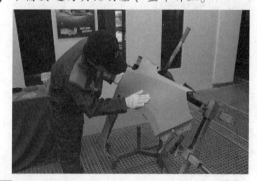

 穿戴防护用品。

提示：

打磨作业，操作要领详见项目1。

 磨涂打磨指示剂（炭粉）。

提示：

在打磨表面上均匀抹涂一层炭粉，以方便打磨。

 选择打磨头及软垫。

提示：

选择3号打磨头，增加打磨软垫后，能更加方便地打磨有弧线、曲面形状上的中涂底漆层。

 粘贴打磨软垫。

提示：

吸尘孔对准。

7 选择 P400 号干磨砂纸。

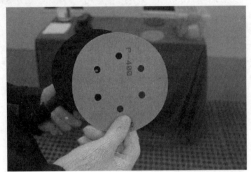

8 粘贴砂纸。

吸尘孔对准。

9 启动打磨机。

将打磨机启动开关指向"AUTO"挡，即自动吸尘挡。

10 用 P400 号砂纸粗打磨中涂底漆。

(1) 为提高作业效率，可用 P400 号砂纸预打磨中涂底漆，再用 P500 号砂纸打磨中涂底漆，使打磨痕迹更加的细腻。

(2) 先用 P400 打磨不但可以提高作业效率，而且还可以将中涂层打磨得更加平整。该道打磨只要求快速地打磨一遍即可。注意边角部位不需要打磨。

(3) 打磨过程中，打磨头平放，不得在打磨头上施加压力，一方面可以避免中涂底漆打磨过度、磨穿，另一方面也可使打磨后的中涂层更加的平整。

错误的示范，打磨软垫已经变形，说明在打磨头上施加压力，会导致打磨后漆面不平整。

正确的打磨方法,未在打磨头上施加压力。

11 检查P400预打磨后的效果。

12 再次抹涂打磨指示剂(炭粉)。

13 用P500砂纸打磨中涂底漆。

(1)务必将打磨头与工件充分接触后再启动打磨头。

(2)打磨过程中,只要将打磨头放在被打磨表面上左右移动即可,不需要对打磨头施加压力,以免使打磨后涂层表面不平整。

(3)打磨时应从左往右,从上往下依次打磨,对此类翼子板,可以根据筋线将打磨区域分为上、中、下三个板块。

(4)为提高打磨效率,尽量使打磨过一次的地方就符合标准,故在打磨过程中,需要一边打磨一边检查,避免来回多次打磨。

 用灰色菜瓜布打磨中涂底漆。

提示：

（1）打磨整个表面。

（2）通过灰色菜瓜布的打磨，去除手工打磨留下的痕迹。

 手工打磨过程。

提示：

（1）打磨头难以磨到的部位、边角部位等可用 P500 砂纸手工打磨。

（2）要求手工打磨时一定要轻，以磨去橘纹为主，不得用力打磨，以免留下过粗的砂纸痕。

16 用无纺布擦去工件上多余粉尘。

17 更换防护用品。

 提示：

除油作业，操作要领详见项目1。

18 将除油剂均匀地喷涂在整个工件表面上。

20 中涂底漆打磨后效果。

 提示：

要求表面光滑、无较粗打磨痕迹，橘纹打磨彻底（无炭粉残留）、无脏污、未磨穿中涂底漆。

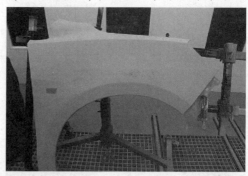

21 整理操作工位。

 提示：

操作结束后，需及时清洁操作台面，以备下位同学练习。

19 对整个工件表面进行除油。

 提示：

在除油剂未挥发前用除油布将其擦干。

五 教学评价

中涂前处理考核评分表（满分100分）（时间20min）

姓名_____　　　　　　　完成时间_____

考核时间	序号	项　目	配分	评 分 标 准	得分
20min	1	安全防护	18	未穿工作服（喷漆服）扣3分	
				未穿安全鞋扣3分	
				未戴防毒（尘）口罩扣3分	
				未戴护目镜扣3分	
				未戴工作帽扣3分	
				未戴棉纱（抗溶剂）手套扣3分	
	2	打磨过程	30	打磨前未清洁、除油扣5分	
				打磨前未检查电泳层扣5分	
				砂纸选择错误扣5分	
				打磨头选者错误扣5分	
				打磨方法不正确扣5分	
				打磨后未清洁、除油扣5分	
	3	打磨效果	40	橘纹未打磨透扣4分/处	
				缺陷部位未打磨平顺扣4分/处	
	4	5S	12	打磨完毕后物品未复位、台面未清洁扣1~12分	
	分数合计		100	实际得分	

中涂、环氧底漆漆调配考核评分表（满分100分）（时间20min）

姓名_____　　　　　　　完成时间_____

考核时间	序号	项　目	配分	评 分 标 准	得分
20min	1	安全防护	12	未穿工作服（喷漆服）扣2分	
				未穿安全鞋扣2分	
				未戴防毒口罩扣2分	
				未戴护目镜扣2分	
				未戴工作帽扣2分	
				未戴抗溶剂手套扣2分	
	2	环氧底漆调配过程	40	使用前未查看使用手册扣2分	
				漆前环氧底漆尚未进行搅拌扣4分	
				调漆杯选择不正确（漆杯上下直径不一样）扣4分	
				调漆尺选择不正确（与油漆品牌不同）扣4分	
				倒完漆后未对漆罐进行清洁扣4分	
				稀释剂型号选择不正确扣4分	
				固化剂型号选择不正确扣4分	
				环氧底漆与稀释剂、固化剂配比不正确扣4分	
				环氧底漆漆与稀释剂、固化剂未充分搅拌扣4分	
				调漆尺未及时清洁扣4分	
				喷枪与喷壶安装方法不正确扣2分	

续上表

考核时间	序号	项 目	配分	评 分 标 准	得分
20min	3	中涂底漆调配过程	40	使用前未查看使用手册扣2分	
				漆前中涂底漆尚未进行搅拌扣4分	
				调漆杯选择不正确（漆杯上下直径不一样；水性漆采用金属漆杯）扣4分	
				调漆尺选择不正确（与油漆品牌不同）扣4分	
				倒完漆后未对漆罐进行清洁扣4分	
				稀释剂型号选择不正确扣4分	
				固化剂型号选择不正确扣4分	
				中涂底漆与稀释剂、固化剂配比不正确扣4分	
				中涂底漆与稀释剂、固化剂未充分搅拌扣4分	
				调漆尺未及时清洁扣4分	
				喷枪与喷壶安装方法不正确扣2分	
	4	5S	8	调配完毕后物品未复位、台面未清洁扣1~8分	
		分数合计	100	实际得分	

环氧、中涂底漆喷涂考核评分表（满分100分）（时间30min）

姓名_____　　　　　　　　　　完成时间_____

考核时间	序号	项 目	配分	评 分 标 准	得分
30min	1	安全防护	18	未穿工作服（喷漆服）扣3分	
				未穿安全鞋扣3分	
				未戴防毒口罩扣3分	
				未戴护目镜扣3分	
				未戴工作帽扣3分	
				未戴抗溶剂手套扣3分	
	2	环氧底漆	12	喷涂前未粘尘扣2分	
				粘尘方法不正确扣2分	
				未调整出漆量或调整不正确扣2分	
				未调整喷幅或调整不正确扣2分	
				未调整气压或调整不正确扣2分	
				未进行试枪或试枪方法不正确扣2分	
	3	中涂底漆喷涂	10	未调整出漆量或调整不正确扣2分	
				未调整喷幅或调整不正确扣2分	
				未调整气压或调整不正确扣2分	
				未进行试枪或试枪方法不正确扣2分	
				层与层之间未充分闪干扣2分	
	4	环氧底漆喷涂效果	20	喷涂太薄，未形成一个连续薄层扣7分	
				喷涂太厚，形成湿喷扣7分	
				漏喷扣2分/处	
	5	中涂底漆喷涂效果	30	中涂流挂扣5分/处	
				中涂漏喷扣5分/处	
				表面粗糙扣视情况扣1~10分	
	6	5S	10	喷涂完毕后物品未复位、台面未清洁扣1~10分	
		分数合计	100	实际得分	

中涂底漆打磨考核评分表（满分100分）（时间30min）

姓名_____ 完成时间_____

考核时间	序号	项 目	配分	评 分 标 准	得分
30min	1	安全防护	18	未穿工作服（喷漆服）扣3分	
				未穿安全鞋扣3分	
				未戴防尘（毒）口罩扣3分	
				未戴护目镜扣3分	
				未戴工作帽扣3分	
				未戴棉纱（抗溶剂）手套扣3分	
	2	打磨中涂底漆	20	打磨前未检查中涂底漆喷涂状况扣2分	
				未磨涂炭粉扣1分，磨涂不够均匀扣1分	
				打磨头选择错误扣2分	
				砂纸型号选择错误扣2分	
				干磨机开启不正确扣2分	
				打磨时方法不正确扣2分（打磨头未平放、打磨头运行方向不折正确）	
				未使用菜瓜布打磨边角扣2分	
				菜瓜布型号选择不正确扣2分	
				打磨后未除尘扣2分	
				未除油扣2分	
	3	打磨后效果	50	打磨未彻底扣5分/处	
				磨穿扣分5分/处	
				有打磨痕迹扣5分/处	
	4	5S	12	打磨完毕后物品未复位、台面未清洁扣1~12分	
	分数合计		100	实际得分	

六 知识拓展

（一）可调灰度中涂底漆

每一种颜色都有一定的灰度值，当面漆颜色的灰度值与中涂底漆颜色的灰度值接近时，底材颜色就容易被遮盖，不但减少了底色漆涂料的使用量，同时也提高了施工效率。如图所示，左右两边采用不同灰度的中涂底漆，左边被底色漆完全遮盖，而右边未被遮盖。故在施工中涂底漆时应尽量选与面漆颜色灰度值相接近的中涂底漆。通常涂料供应厂商会提供2~3种颜色的中涂底漆，如白、黑、灰，通过三者按不同比例可调配出7种不同灰度的中涂底漆。如图所示，其中SG01~SG07即灰度值。不同涂料品牌的灰度值表示编号不同，但编号中一定含有灰度值的数字。

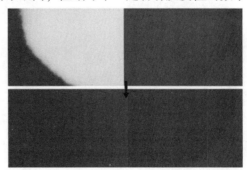

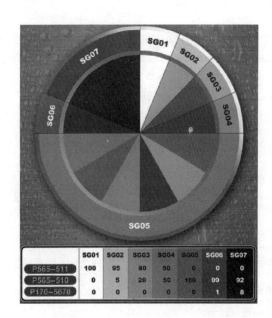

(二) 免磨中涂底漆

随着维修企业对作业效率要求不断地提高，近几年免磨中涂底漆也逐渐进入了维修企业，所谓免磨中涂就是靠涂料自身的展平性、流平性而获得光滑平整表面的中涂底漆。

免磨中涂通常应用于"湿碰湿工艺"中，用于提高作业效率。如原厂新部件表面已经涂有电泳底漆，表面无损伤，只需做好前处理后，即可喷涂免磨中涂底漆；待闪干15～20min，不需要打磨可直接喷涂面漆，最迟可在5天内完成面漆喷涂；同时免磨中涂底漆也可以调配成不同值的灰度。由于在中涂底漆喷涂闪干后，直接喷涂面漆，不再整平打磨，故使用免磨中涂时对施工者的喷涂水平及施工周围环境要求较高。

项目 6　面漆施工

一　学习目标

1. 了解面漆的作用、分类。
2. 了解喷涂烤漆房相关知识。
3. 掌握面漆喷涂时喷枪的调整。
4. 掌握素色漆、金属漆调配与喷涂的技能。

二　情景导入

当汽车车身面漆前处理结束后，为使车身颜色恢复损伤前的色彩，就必须对整个车身外观进行重新地喷涂。现有一辆汽车的发动机舱盖，已做面漆前处理。在规定的时间内，请以最经济的方式，按照规范的工艺，完成发动机舱盖面漆的喷涂。完成要求：底色漆不花、无露底；清漆层光亮、饱满、橘纹均匀。

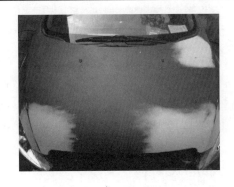

三　知识链接

(一) 概述

面漆指涂于工件最外层的漆膜，是涂层组合中唯一可见的部分，起着装饰、标志、保护底材的作用。它直接与各种气候条件及有害物质接触，是阻挡侵蚀的第一层。耐候性是面漆的一项重要指标，要求面漆在极端温变湿变、风雪雨雹的气候条件下不变色、不失光、不起泡和不开裂。外观是面漆的另一项指标，要求漆膜外观丰满、橘皮均匀、流平好、鲜映性好，从而使汽车车身具有高质量的外观。另外，面漆还应具有足够的硬度、抗石击性、耐化学品性、耐污性和防腐性等性能，使汽车外观在各种条件下保持不变。面漆可以使汽车表面呈现出各种各样的颜色，也可使汽车焕然一新。

(二) 面漆的分类

面漆的分类方法很多，按颜色效果可分为素色漆、金属漆；按成膜方式可分为溶剂挥发型、氧化型和交联反应型；按施工工序可分为单工序、双工序和三工序等。

素色漆又名纯色漆，指油漆成分中不含颗粒颜料，常见的有白色、黑色、红色、黄色等。

金属漆顾名思义在油漆的成分中添加了金属颗粒，这些颗粒通常是铝片、云母片等。根据含量的比例不同金属漆包括纯银粉漆、纯珍珠漆、银粉漆。纯银粉漆是由无数块不透明的灰色铝片组成，当太阳光照射到漆面上时，只能反射出单一的灰色调；而珍珠漆里含有许多不同厚度的、半透明的云母片，由于云母片自身具有半透明性，所以当太阳光照射到它上面后，会经过多次折射，最终反射出来的光束会产生多彩的效果；银粉漆里含有一定量珍珠漆和纯色漆的底色漆。通常二层喷涂的金属底色漆是将珍珠色母、银粉色母和纯色色母按一定比例混合而成的，银粉色母在底色漆内会遮挡住大部分能产生珍珠色彩效果的色母，所以珍珠色彩不明显。这类含有珍珠的底色漆在强光下才能看到珍珠效果，在暗光下只能看到银粉效果。如果在强光下看不到五颜六色的反射光，就说明漆面里不含珍珠。

单工序面漆指喷涂一种涂料即可形成完整的面漆。常见于素色漆,其成膜方式为交联反应型。

双工序面漆需喷涂两种不同的涂料才能形成完整的面漆层,通常是先喷涂底色漆,然后再喷涂罩光清漆。常见于金属色漆、双工序素色漆,成膜方式为溶剂挥发型。

三工序面漆则更为复杂,如三工序珍珠漆通常先喷一层底色漆,以提供一定的颜色,然后再喷涂一层珍珠漆,最后再喷涂罩光清漆,三个涂层结合才能形成完整的面涂层。常见于白珍珠漆,成膜方式为溶剂挥发型。

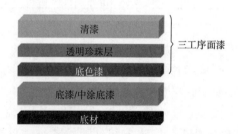

(三)面漆的施工

面漆施工是汽车漆修补涂装的最后一个环节,也是用户评价修理质量的客观依据。因此掌握面漆喷涂过程的各种要领是汽车修补漆作业者应具备的基本技能。以双工序金属漆为例,面漆的施工可以分为面漆前处理、底色漆调配、清漆调配、底色漆喷涂、清漆喷涂。

1. 面漆前处理。

(1) P400~P500干磨砂纸配合偏心距为3mm的双动作打磨头打磨整个被涂表面,边角部位可用灰色菜瓜布打磨,打磨至整个被涂表面全部磨毛且有一定的附着力。

(2) 对被涂表面清洁、除油。

(3) 对未涂区域进行遮蔽。

2. 底色漆调配。

(1) 将底色漆充分搅拌,并按产品使用手册添加一定比例的稀释剂。稀释剂的选择应根据被涂物面积、施工周围环境温度确定使用快干、标准或者慢干。

(2) 搅拌底色漆与稀释剂,使其充分混合。

3. 清漆调配。

(1) 选择一定量的清漆,并按产品使用手册添加一定比例的固化剂、稀释剂。稀释剂、固化剂的选择应根据被涂物面积、施工周围环境温度确定使用快干、标准或者慢干。

(2) 搅拌清漆、稀释剂和固化剂,使其充分混合。

4. 底色漆喷涂。

(1) 建议选择环保省漆的面漆喷枪进行喷涂作业。

(2) 使用粘尘布对被涂表面进行粘尘。

(3) 调整喷枪,建议出漆量全开、喷幅全开、气压2bar,检查风帽、试枪,查看喷枪是否调整到最佳状态(喷枪的调整对喷涂最终效果起着决定性的作用)。

(4) 喷涂底色漆,通常喷涂三层。

第一层喷涂,根据不同颜色的遮盖效果,按30%~70%的颜色遮盖进行喷涂,注意不能喷涂得太湿。合适的喷涂可缩短底色漆自然闪干时间(水性漆可用吹风筒强制吹干),同时可以降低涂料的消耗。

第二层,待第一层完全闪干后,方可喷涂第二层。均匀地喷涂一个湿涂层,达到对底材100%的遮盖,起到颜色供给的作用。

第三层,待第二层完全闪干后,方可喷涂第三层。最后一层为效果层,喷涂时可加大喷枪和工件之间的距离,提高走枪速度;也可在喷涂距离、喷涂速度不变的情况下减少出漆量。该层的喷涂方法模仿原厂漆最后一道的喷涂,对颜色匹配和最后涂层效果起到非常重要的作用。

5. 清漆喷涂。

(1) 建议选择环保省漆的面漆喷枪进行喷涂作业。

(2) 调整喷枪,建议出漆量全开、喷幅全开、气压2bar,检查风帽、试枪,查看喷枪是否调整到最佳状态(喷枪的调整对喷涂最终效果起着决定性的作用)。

(3) 清漆喷涂,待底色漆完全闪干后,方可喷涂清漆，通常喷涂两层。

第一层，中湿喷，使漆面有一定的光泽，不可太湿，这样可减少闪干时间，提高施工效率。

第二层，待闪干5~10min后，可用手指做指触测试（在遮蔽纸区域或不是装饰面做指触测试），待清漆不拉丝后方可喷涂第二层清漆，湿喷，使漆面光亮、饱满。

（四）喷涂烤漆房介绍

喷涂烤漆房是集喷漆与烤漆为一体，通常称为烤漆房。在喷涂过程中会产生漆雾，或者灰尘、垃圾等，对作业和安全卫生都有不利的影响，烤漆房装有将这些灰尘、垃圾、漆雾强制过滤的装置，并将浑浊空气排除，供给新鲜干净的空气。烤漆房主要由进排气装置、温度调节装置、过滤装置组成。

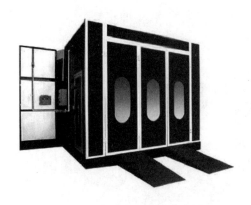

（1）进、排气装置。在喷漆作业中会产生大量的漆雾及有机溶剂挥发气体，在封闭的环境中，为了保障作业者的安全，必须采用进、排气装置将有害气体排出，吸入新鲜空气。进气采用的是上部进气方式，排气则采用下部排气方式。

（2）温度调节装置。在冬天喷漆作业时，如果直接将室外空气抽进喷漆房，会使喷漆房内温度下降，从而大大增加了涂料闪干时间，降低工作效率，易造成清漆流挂等问题。因此通过温度调节装置，对进气的温度进行加热，可提升喷涂房内的温度，改善施工条件。

（3）过滤装置。从室外进入喷漆房内的空气中含有粉尘和垃圾，不适合直接供给喷漆房用于喷涂作业；喷漆房内排出的有机溶剂气体及漆雾也不可直接排入大气。因此在进气口处和排气口处都装有过滤棉，用来过滤空气，排气口还装有活性炭过滤装置。

烤漆房的种类很多，根据能源供给方式分为燃油型和电热型；根据干燥方式分热空气对流干燥型和红外线辐射干燥型等。其中电加热红外线辐射式烤漆房由于其使用寿命长、节能环保、无噪声，使用后漆面质量好，效率高等特点，使用较为广泛。

喷漆作业时，风机将空气经过滤网一次过滤后吸入并送到烤房顶部，经一系列多层过滤网后送入烤房，此时的空气清洁度超过98%，且送入的空气具有一定的压力，可在车的四周形成恒定的气流以去除漆雾。烤漆作业时，将风门调至烤漆位置，热风循环，烤房内温度迅速升高到预定干燥温度（50~60℃），干燥完成后，控制系统能自动使燃烧器停止工作。

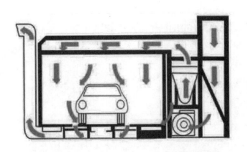

喷漆作业时空气流动

烤漆作业时空气流动

烤漆房在使用过程中注意事项：

（1）在烤漆房内不得进行任何原子灰刮涂、打磨、抛光等作业；

（2）进入烤漆房的车辆应彻底清洁，包括车身上的脏污和底盘上的脏污；

（3）喷涂结束后将烤漆房内的喷涂工具、喷涂材料清理干净后，才能加温烘烤；

（4）每次使用完烤漆房后，要对烤漆房进行清理，将压缩空气软管盘好；

（5）定期更换过滤棉，建议工作每400~450h更换一次顶棉，每80~100h更换一次地棉，每60~80h更换一次进风口棉。

四 项目实施

(一) 技术标准与要求

1. 油性漆使用 SATA（HVLP/RP，口径 1.3mm）喷枪。
2. 水性漆使用 SATA WSB（HVLP/RP，口径 1.3mm）水性漆喷枪。
3. 底色漆、清漆调配比例详见产品使用手册。
4. 根据施工周围温度选择对应的固化剂、稀释剂：室温在15℃以下用快干；室温在15~25℃用标准；室温在25℃以上用慢干。
5. 使用吹风筒时，角度45°，距被涂物表面不得小于40cm。
6. 防护用品穿戴正确。
7. 待底色漆充分闪干后再喷涂下一层。
8. 喷涂后底色漆不发花、无露底；清漆层光滑无流挂、无失光、饱满、纹理均匀。
9. 废弃物正确处理。
10. 安全操作。

(二) 实训时间

30min。

(三) 实训器材

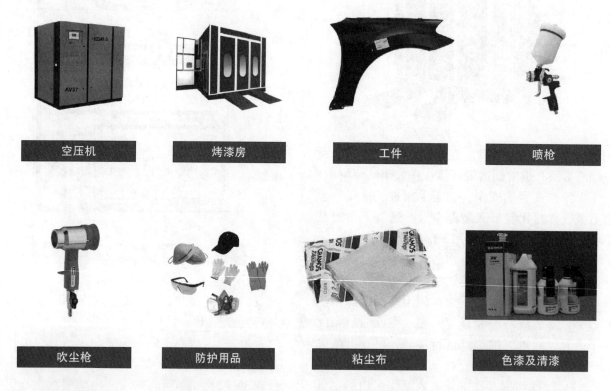

空压机　　烤漆房　　工件　　喷枪

吹尘枪　　防护用品　　粘尘布　　色漆及清漆

(四) 教学组织

1. 教学组织形式：实训教师1名，学生16名，8个工位，每个工位2名学生实训，一名学生操作、另一名学生观察、记录。
2. 学生站位分工和要求：学生按规定的工位站立，按教师的指令进行独立的操作。
3. 实训教师职责：安排学生工位，讲解操作步骤和注意事项；下达"开始操作"口令；工位巡视，检查、指导和纠正错误。
4. 学生职责：认真完成教师布置的任务；做好课后清洁、整理工作。

面漆施工 项目6

（五）操作步骤

水性漆喷涂操作前准备

参训学生穿好连体防静电喷漆服、安全鞋，将操作时用到的材料与工具整齐地摆放在操作台上，并以跨立的姿势等待老师下达"开始操作"口令。

提示：

上实训课必须课前穿好实训服及安全鞋，做好操作前准备，有利于安全操作和提高工作效率。

面漆喷涂（水性漆）

♣ 第一步　水性底色漆调配

穿戴防护用品。

提示：

调漆作业，操作要领详见项目1。

查看产品使用手册，并找到底色漆与稀释剂的比例。

提示：

此次使用的是 PPG Aquabase plus 水性底色漆，经查询双工序银粉底色漆与稀释剂的比例为 1∶10%～7∶15%。

打开电子秤。

4 将喷壶放置于电子秤上，并按"归零"键。

113

5 轻轻晃动漆罐。

此款水性漆有抗沉淀技术，在使用时不需要搅拌，只要轻轻晃动几下即可。

6 将底色漆倒入喷壶内。

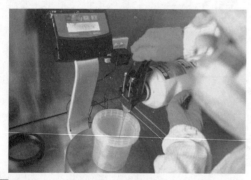

7 倒入喷壶内底色漆的重量为100g。

8 清洁浆盖。

每次倒完漆后必清洁浆盖。

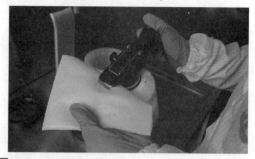

9 按比例倒入稀释剂。

10 根据产品使用手册，添加15g的稀释剂。

11 用调漆尺搅拌底色漆。

将底色漆与稀释剂搅拌均匀，搅拌时调漆尺可以有意地沿壶壁上来回刮涂，使壶壁上的油漆也充分搅匀。

面漆施工 项目6

12 清洁调漆尺以备下次使用。

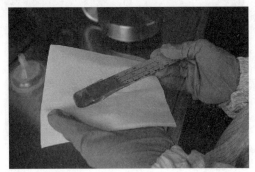

13 盖上壶盖。

提示:

将壶盖与壶对准后用力往下压，然后顺时针旋紧。

14 装上喷枪。

提示:

左手固定喷壶，右手持枪，将螺纹口对准后，顺时针拧紧。

15 清洁工位。

提示:

如有涂料滴在操作台面上，用稀释剂擦洗干净。

♣ 第二步　清漆的调配

1 参训学生穿好连体防静电喷漆服、安全鞋，将操作时用到的材料与工具整齐地摆放在操作台上，并以跨立的姿势等待老师下达"开始操作"口令。

提示:

上实训课必须课前穿好实训服及安全鞋，做好操作前准备，有利于安全操作和提高工作效率。

2 查看清漆产品使用说明。

提示:

此次使用的是 Autocolor 品牌 P190-6850 极品清漆。

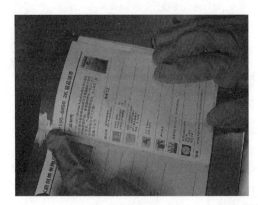

115

6 添加固化剂。

提示：

根据清漆产品说明书的正确比例添加固化剂。

7 倒入对应的固化剂。

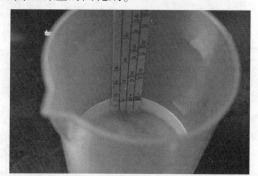

8 添加稀释剂。

提示：

根据产品使用说明书的正确比例添加稀释剂。

3 将调漆尺放入调漆杯中。

4 将清漆倒入喷壶中。

5 倒入 1 格的清漆量。

提示：

调配好的清漆经活化期后不可再用，所以每次喷涂前需预估清漆的用量，尽量减少浪费。

9 倒入对应的稀释剂。

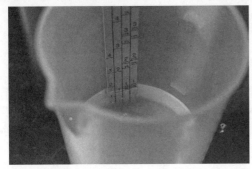

10 用比例尺搅拌涂料。

提示:

将调漆杯内的清漆、固化剂、稀释剂搅拌均匀。

11 清洁调漆尺。

提示:

使用结束及时清洁调漆尺,以备下次使用。

12 将调配好的清漆倒入喷壶。

13 盖上喷壶盖。

提示:

将喷壶盖与喷壶对准后用力往下压,然后顺时针旋紧。

14 装上喷枪。

提示:

左手固定喷壶,右手持枪,将螺纹口对准后,顺时针拧紧。

15 清洁工作台面。

提示:

如有涂料滴在工作台面上,用抹布蘸少许稀释剂擦拭。

第三步　水性底色漆喷涂

 做好喷涂前准备。

提示:

(1) 将经过前处理的被喷涂物装夹在喷涂架上,清洁除油。

(2) 喷涂前查看产品使用说明,了解水性漆施工方法。

水性底色漆喷涂方法

常规颜色(遮盖力强)喷涂方法

下述方法针对SATA jet 3000 B HVLP WSB喷枪

喷涂方法		纯底色(除红/黄)		珍珠或银粉		
喷涂	层数	双层		双层		单层
	方式	半干	半湿	半干	半湿	雾喷
	强制闪干	---	吹干	---	吹干	吹干
调枪	出漆量	打开2圈		打开2圈		打开1圈
	扇面	*打开1/4(四分之一)		*打开1/4(四分之一)		全部打开
	气压	1.3–1.5 Bar		1.3–1.5 Bar		1.1–1.2 Bar

* 如针对SATA jet 4000 B HVLP WSB喷枪时,扇面打开3/4

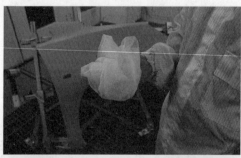 将粘尘布充分展开。

 用粘尘布对工件表面进行粘尘。

提示:

从上往下依次轻擦整个被涂物表面,不得重压擦粘尘布,以免将粘尘布上的树脂留在被涂物表面上,造成喷涂缺陷。

 调整喷枪出漆量。

提示:

根据产品使用说明:将出漆量调整至最大。

 调整喷枪喷幅。

提示:

根据产品使用说明:将喷幅打开3/4。

面漆施工 项目6

6 调整喷枪尾压。

提示:

根据产品使用说明,将气压调整至1.3~1.5bar。

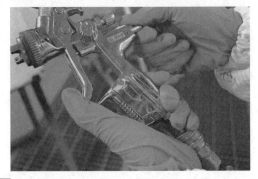

7 检查风帽是否在最合理的位置。

提示:

将风帽调整至与地面平行的状态。

8 进行喷幅测试。

提示:

测试喷幅并查看喷枪是否调整至最佳的雾化状态。

9 喷涂第一层底色漆(一)。

提示:

喷涂时先喷涂工件的边缘,后喷面。

10 喷涂第一层底色漆(二)。

提示:

喷涂时先喷涂工件的边缘,后喷面。

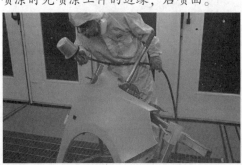

11 喷涂第一层底色漆(三)。

提示:

喷涂时,站立非常重要,通常持枪的手正好对准被涂物正中间位置,方便在喷涂时能兼顾工件的两头。喷枪与工件垂直,以重叠3/4的喷幅匀速地从上往下喷涂。

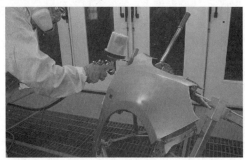

12 喷涂第一层底色漆(四)。

第一层底色漆喷涂完毕。

提示：

（1）第一道为雾喷，根据底色漆颜色遮盖性能好坏来控制喷涂的干湿程度。

（2）由于水性漆遮盖率较好，故第一层不需要喷涂得太湿。

（3）所谓雾喷，就是喷涂后能透过底色漆看到底层涂层的颜色。

 用吹风筒将底色漆吹干。

提示：

（1）水性底色漆可采用吹风筒强制吹干，以减少闪干时间，提高工作效率。

> **注意**
> 吹风筒与工件的距离不小于40cm，以45°角从工件的一边吹向另一边。

（2）从左往右，从上往下，依次将底色漆全部吹干。

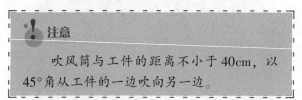

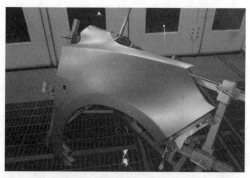

 喷涂第二层底色漆（一）。

提示：

（1）待第一层漆完全干燥后方可喷涂第二层底色漆，先将边位未完全遮盖的地方遮盖住。

（2）喷涂方法与第一层相似，但此层走枪速度适当减慢，将完成颜色的供给。

16 喷涂第二层底色漆（二）。

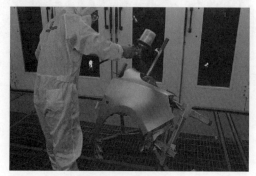

17 喷涂第二层底色漆（三）。

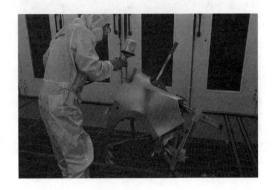

18 喷涂第二层底色漆（四）。

19 喷涂第二层底色漆（五）。

20 喷涂第二层底色漆（六）。

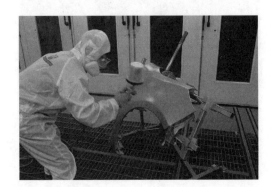

21 喷涂第二层底色漆（七）。

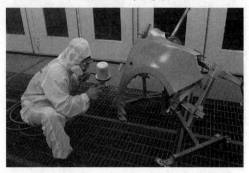

22 第二层底色漆喷涂完毕。

提示:

要求中湿，底色漆对底层涂层颜色完全遮盖。

23 用吹风筒将底色漆吹干。

提示:

(1) 吹风筒操作要求如第三步14所示。
(2) 吹干后，漆面层呈哑光状态。

24 第三层效果层喷，重新调整喷枪参数，调整出漆量。

 提示：

按施工说明，将出漆量调至1圈的余量。

25 调整喷幅。

 提示：

按施工说明，将喷幅调节旋钮全部打开，使喷幅最大。

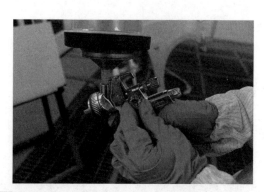

26 调节气压。

 提示：

按施工说明，将气压调整至1.1~1.3bar。

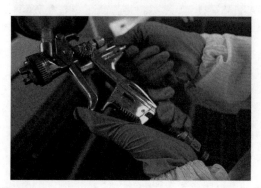

27 喷涂效果层（一）。

 提示：

当第二层底色漆完全闪干后，可喷涂效果层。
要求干喷，喷涂该层的目的是使喷涂银粉排列的状态与原厂漆一致。

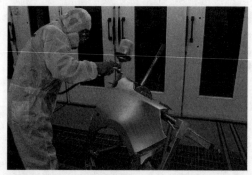

28 喷涂效果层（二）。

 提示：

要求干喷，走枪速度不得太快，压枪一定要一致，喷涂后以免起云。

31 检查第三层喷涂后的效果。

提示:

（1）在未闪干的情况下即呈现出哑光的状态，非常薄的一层。

（2）通过干喷，不但能使颜色更加接近原厂喷涂的效果，而且能使金属漆银粉颗粒感更加的闪烁。

（3）如第二层底色漆喷涂后有轻微起云，也可以通过效果层来改善。

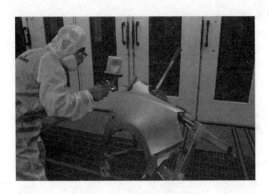

29 喷涂效果层（三）。

30 喷涂效果层（四）。

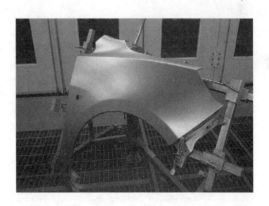

第四步　喷涂清漆

 1 检查底色漆是否完全干燥。

提示:

（1）喷涂清漆前必须仔细多个角度观察底色漆是否完全闪干。

（2）也可以采用指触的方式，当手指接触底色漆后，发现底色漆已经完全干燥。注意在非装饰面上操作。

（3）通常当效果层喷涂结束后，闪干3~5min

即可喷涂清漆。

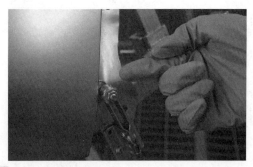

2 调节出漆量。

提示:

建议将出漆量调至最大状态。

3 调整喷幅。

提示:

建议将喷幅调整至最大。

4 调节气压。

提示:

建议将气压调整至2bar。

5 进行喷幅测试。

提示:

测试喷幅并查看喷枪是否调整至最佳的雾化状态。

6 喷涂第一层清漆(一)。

提示:

与喷涂底色漆一样,先喷涂边缘后喷面。

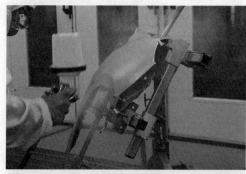

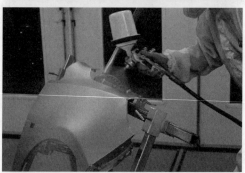

面漆施工 项目6

 喷涂第一层清漆（二）。

提示:

第一层清漆不能喷得太湿，也不能太干，通常要达到中湿的程度。

太干会导致漆面粗糙，影响光泽度；太湿会延长漆面闪干时间，降低工作效率，且易流挂；使用油性底色漆时还极有可能致底色漆发花、起云。

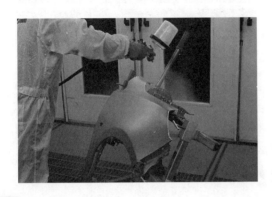

 喷涂第一层清漆（三）。

提示:

始终要遵循喷涂的四个要素进行喷涂。

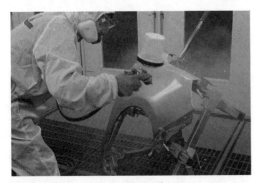

9 喷涂第一层清漆（四）。

10 第一层清漆喷涂完毕。

提示:

（1）第一层清漆喷完后漆面要有一定的光泽，整体橘纹均匀。

（2）通常闪干5～10min后喷涂第二道清漆。

11 指触判断是否可以喷涂第二层清漆。

提示:

（1）可以用指触非装饰面上清漆来判断是否能喷下一层清漆。

（2）当手指轻按清漆层，提起来不会出现拉丝状态时，便可喷涂下一层清漆。

喷涂第二层清漆（一）。

提示：

当第一层边缘喷涂后，第二层便不需要再喷涂边缘。

13 喷涂第二层清漆（二）。

14 喷涂第二层清漆（三）。

15 喷涂第二层清漆（四）。

16 第二层清漆喷涂完毕。

提示：

喷涂后表面光滑、饱满，橘纹均匀，无漏枪。

 整理操作工位。

提示：

操作结束后，需及时清洁操作台面，以备下位同学练习。

 清洗喷枪。

提示：

养成良好的工作习惯，喷涂结束后应立即将喷枪清洗干净，以备下次使用。

五 教学评价

面漆喷涂考核评分表（满分100分）（时间30min）

姓名_____　　　　　　　　完成时间_____

考核时间	序号	项　　目	配分	评分标准	得分
30min	1	安全防护	12	未穿工作服（喷漆服）扣2分	
				未穿安全鞋扣2分	
				未戴防毒口罩扣2分	
				未戴护目镜扣2分	
				未戴工作帽扣2分	
				未戴抗溶剂手套扣2分	
	2	底色漆喷涂	24	喷涂前未粘尘扣2分	
				粘尘方法不正确扣2分	
				未调整出漆量或调整不正确扣4分	
				未调整喷幅或调整不正确扣4分	
				未调整气压或调整不正确扣4分	
				未进行试枪或试枪方法不正确扣4分	
				层与层之间未充分闪干扣4分	
	3	清漆喷涂	12	喷涂清漆前未判断底色漆是否干燥扣2分	
				未调整出漆量或调整不正确扣2分	
				未调整喷幅或调整不正确扣2分	
				未调整气压或调整不正确扣2分	
				未进行试枪或试枪方法不正确扣2分	
				层与层之间未做指触测试扣2分	
	4	喷涂效果	40	底色漆起云发花扣1~5分	
				底色漆露底扣1~5分	
				底色漆咬底扣1~5分	
				清漆流挂扣1~5分	
				清漆失光扣1~5分	
				清漆纹理不均匀扣1~5分	
				砂纸痕扣1~5分	
				鱼眼、油点扣1~5分	
	5	5S	12	喷涂完毕后物品未复位、台面未清洁扣1~12分	
	分数合计		100	实际得分	

六 知识拓展

水性漆相关知识

水性漆是以去离子水为主要溶剂、挥发性有机化合物（VOC）含量较低的绿色环保漆，优点是对环境、人类健康的危害比较小，且不易燃。传统的油漆则以有机溶剂为主，含有较多的挥发性有机化合物。目前使用较好的溶剂型底色漆VOC约750g/L，溶剂型清漆约为560g/L，而水性底色漆的VOC为100g/L。水性底色漆中所含的VOC为10%左右，而溶剂型底色漆中所含的VOC达70%。

挥发性有机化合物，常含于汽车溶剂型涂料中，它进入大气层后，能与工业废气、汽车尾气等发生化学反应，是环境问题元凶之一；同时在太阳光的作用下与空气中的氮氧化物反应生成臭氧，致使空气质量变差。

随着人类对环境污染问题越来越重视，现今汽车涂装的发展趋势朝着低公害、无公害化的方向发展，水性化、高固体化、粉末化等涂料相继进入汽车原厂漆领域。从20世纪90年代开始，欧美汽车厂为环保达标采用环保型汽车涂料替代传统的有机溶剂型汽车涂料。到2001年北美地区采用水性中涂、水性底色漆的轿车分别已占总产量的7%和43%；欧洲则为32.5%和36%。其中德国已基本实现水性化，中涂占80%，底色漆占93%。而同一时期亚洲采用水性底色漆的轿车只占1.5%。目前，我国汽车生产线全部或部分使用水性漆的汽车厂商已近20家。在修补漆领域，使用水性漆是最为有效和直接的降低VOC的方法。

在修补漆领域中，底色漆中所产生的VOC排放占到所有汽车修补漆VOC排放的近50%，水性中涂底漆和水性清漆相较水性底色漆价格较贵，且可采用高固体含量涂料和高效率施工设备来满足VOC排放的环保法规。应此，在修补漆领域，水性漆主要推广的是水性底色漆。

水性漆的施工工艺、施工设备因不同的品牌有所差异。相较于溶剂型涂料，虽然水性漆的稀释剂是去离子水，自然挥发得比较慢，但其在施工过程中可以用专用的吹风筒对漆面进行强制吹干，而溶剂型涂料则不能，故水性漆漆面闪干速度远快于溶剂型涂料，从而提高了工作效率。由于水性漆的遮盖率比溶剂型涂料更好，故更加省漆，使用水性漆大约可节约30%涂料的用量；除此之外，水性漆颜色稳定性好，不易喷花，修补方便，不容易出现黑圈。

项目 7　喷涂技术——板块内过渡驳口喷涂

一　学习目标

1. 了解驳口工艺的作用。
2. 掌握板块内过渡驳口前处理的技能。
3. 掌握板块内过渡驳口喷涂的技能。

二　情景导入

驳口喷涂工艺是修补漆工作者必须要掌握的技能之一，现有一翼子板，根据损伤情况可做板块内驳口处理，损伤区已做中涂喷涂，请在规定的时间内以最经济的方式，按照规范的工艺，完成板块内过渡驳口喷涂作业。包括面漆前处理，底色漆过渡喷涂，清漆整喷。

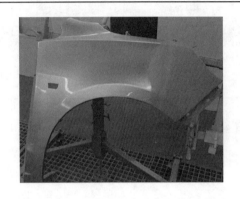

三　知识链接

(一) 概述

随着汽车工业的不断发展，汽车的用漆也从早期简单的素色漆演变成现在复杂的银粉漆、珍珠漆、幻彩漆等。高银粉、珍珠含量的涂料能使汽车外观更加的闪亮、艳丽，从而提升了汽车商品价值，与此同时大大增加了漆面调色、喷涂的难度。为使修补后的效果与原车浑然一体，除了要掌握准确的调色技能外，同时也要运用合理的喷涂技术。所以作为一个汽车修补漆的工作者，必须要掌握不同的喷涂技术。

理论上，用底色漆、清漆系统做板块修补是可行的，通常，不必喷涂到相邻的板块。但是，对于金属颜料，更好地克服颜色差异的方法是驳口渐淡喷涂，以及向相邻的板块做驳口喷涂。采用这样的喷涂工艺比把大量时间耗费在颜色微调上显得更省时，更经济，效果更好。

(二) 驳口工艺

驳口工艺就是将待修补的区域用底色漆覆盖，而周边的区域采用弧形喷涂手法用非常薄的涂层加以淡化处理，从而使修补区与非修补区有所过渡，不会形成较大色差对比。在修补漆作业中采用驳口工艺的通常有板块内过渡与板块间过渡两类。本项目主要以在补漆过程中较常见的板块内过渡为例做详细介绍。

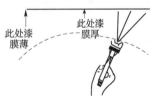

喷涂前处理作业：

（1）用 P400/P500 干磨砂纸配合偏心距 3mm 的双动作打磨头研磨中涂底漆区域；也可用 P800/P1000 水磨中涂底漆区域。

（2）用 P1000 号精磨砂棉和水性研磨膏配合灰色菜瓜布（混合清水）研磨除中涂底漆区域以外的整个表面。

板块内过渡喷涂作业施工工序：

（1）喷涂2~3层底色漆将中涂底漆完全遮盖，层与层之间完全闪干。

（2）采用弧形喷涂的方法向修补区域外进行过渡喷涂，使颜色逐渐过渡。

（3）待底色漆完全闪干后，在底色漆的区域上喷涂一个中湿的清漆层。

（4）闪干 3～5min 后，在整个板块内喷涂一个全湿的清漆层。

第一层清漆喷涂区域

需要修补的位置

第二层清漆喷涂区域

底漆漆喷涂区域及驳口区域

四 项目实施

（一）技术标准与要求

驳口前处理技术标准与要求如下：

1. 安全防护用品穿戴正确。
2. 正确使用干磨机，打磨头与工件接触后再启动。
3. 用 P320～P500 砂纸配合手磨板和 3 号双动作打磨头打磨中涂层。
4. 边角部位用灰色菜瓜布打磨。
5. 用 P1000 精磨纱棉、水性研磨膏研磨旧涂层。
6. 打磨后被涂物表面平整、无橘皮、无磨穿、无划痕、呈哑光状。
7. 正确处理废弃物。
8. 安全操作。

驳口过渡喷涂技术标准与要求如下：

1. 油性漆使用 SATA（HVLP/RP，口径 1.3mm）喷枪。
2. 水性漆使用 SATA WSB（HVLP/RP，口径 1.3mm）水性漆喷枪。
3. 底色漆过渡喷涂、清漆整喷。
4. 吹风筒操作正确，建议与被涂物表面成 45°角，距离控制在 30～40cm。
5. 安全防护用品穿戴正确。
6. 待底色漆充分闪干后再喷涂下一层。
7. 喷涂后底色漆不发花、无露底、与原涂层浑然一体；清漆层光滑无流挂、无失光、饱满、纹理均匀。
8. 正确处理废弃物。
9. 安全操作。

（二）实训时间

驳口前处理：30min。

驳口过渡喷涂：30min。

（三）实训器材

干磨机　　　空气压缩机　　　烤漆房　　　气枪

喷涂技术——板块内过渡驳口喷涂 项目7

(四) 教学组织

1. 教学组织形式：实训教师1名，学生24名，6个工位，每个工位4名学生实训，一名学生操作、其他学生观察、记录。

2. 学生站位分工和要求：学生按规定的工位站立，按教师的指令进行独立的操作。

3. 实训教师职责：安排学生工位，讲解操作步骤和注意事项，下达"开始操作"口令；工位巡视，检查、指导和纠正错误。

4. 学生职责：认真完成教师布置的任务；做好课后清洁、整理工作。

(五) 操作步骤

操作前准备

参训学生穿好工作服、安全鞋，将操作时用到的材料与工具整齐地摆放在操作台上，并以跨立的姿势等待老师下达"开始操作"口令。

提示：

上实训课必须课前穿好实训服及安全鞋，做好操作前准备，有利于安全操作和提高工作效率。

第一步　驳口前处理

1 穿戴防护用品。

提示：

打磨作业，操作要领详见项目1。

2 检查工件表面涂层。

提示：

检查涂层表面是否有缺陷或划痕，如有需修复。

3 选择 P320 干磨手刨砂纸。

4 将砂纸粘在手刨上，吸尘孔对准。

5 在中涂底漆层上均匀地抹涂一层打磨指示层（炭粉）。

6 启动打磨机。

提示：

将打磨机启动开关指向"MAN"挡，即自动系统常开。

项目 7 喷涂技术——板块内过渡驳口喷涂

7 研磨整个中涂层。

提示：

由于底材上有原子灰作业，故需用手刨配合P320干磨砂纸对中涂层进行整平打磨，使底材更加平整，如中涂有流挂缺陷也可用此方法进行整平。

8 检查 P320 打磨后的效果。

提示：

要求范围不得过大，仅在原子灰上的中涂层范围内进行打磨。

9 在中涂层上再次抹涂打磨指示剂。

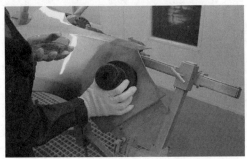

10 在打磨头上粘贴打磨软垫。

11 选择 P400 干磨砂纸及 3 号打磨头。

12 将砂纸粘在磨垫上。

提示：

要求砂纸吸尘孔与打磨头吸尘孔对准。

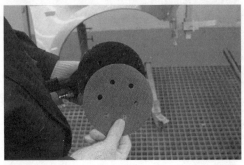

13 调整打磨机吸尘模式。

提示：

将打磨机启动开关指向"AUTO"挡，即自动吸尘挡。

选择P400干磨砂纸打磨中涂底漆。

提示:

（1）打磨头与工件接触后再启动打磨头。

（2）打磨过程中，将打磨头平放在工件上，不得在打磨头上施加压力。

（3）打磨范围稍大于上层打磨范围，将中涂底漆与旧涂层的过渡区打磨平顺。

15 检查P400干磨砂纸打磨后效果。

提示:

要求打磨后去除P320砂纸打磨痕迹。

16 在中涂层上再次抹涂打磨指示剂。

17 选择P500号干磨砂纸。

18 将砂纸粘在磨垫上。

提示:

要求砂纸吸尘孔与打磨头吸尘孔对准。

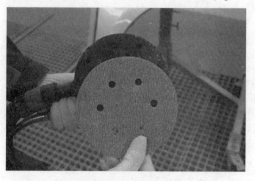

项目 7 喷涂技术——板块内过渡驳口喷涂

19 选择 P500 干磨砂纸打磨中涂底漆。

（1）打磨头与工件接触后再启动打磨头。
（2）打磨方法与 P400 号砂纸打磨方法相似。
（3）打磨范围稍大于上层打磨范围，将中涂底漆与旧涂层的过渡区打磨平顺。
（4）去除 P400 号砂纸打磨后的痕迹。

20 用灰色菜瓜布研磨边角部位。

21 用无纺布擦去工件表面打磨后残余的粉尘。

22 检查中涂底漆层打磨后的效果。

（1）要求中涂底漆层表面光滑、无橘纹，与旧涂层过渡平顺。
（2）打磨范围合适，喷涂中涂底漆前用 P320 号干磨砂纸将打磨的痕迹全部去除。

更换防护用品。

提示:

驳口区水磨作业,操作要领详见项目1。

 选择1000号精磨砂棉。

25 将精磨砂棉粘在磨垫上。

 在精磨砂棉上洒上适量的水。

提示:

只需将精磨砂棉湿润即可,不需太多的水。

27 将打磨机吸尘功能关闭。

28 用P1000精磨砂棉配合3号头打磨整个表面。

提示:

(1) 驳口前处理的方法有很多,但用精磨砂棉配合打磨头进行机磨,效率高。

(2) 通过打磨使旧涂层至完全哑光状态,但不得打磨过度使面漆层磨穿。

项目7 喷涂技术——板块内过渡驳口喷涂

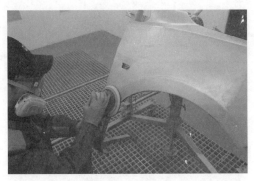

29 检查精磨砂棉打磨后的效果。

30 用水性研磨膏配合灰色菜瓜布再次打磨被涂物表面。

 提示：

在灰色菜瓜布中倒入适量的水性研磨膏。

31 使水性研磨膏均匀地分布在菜瓜布上。

32 在菜瓜布上洒上适量的水。

33 用水洗研磨膏配合菜瓜布研磨被涂物表面。

 提示：

研磨时以"画圈"的方式依次有序地研磨整个表面。

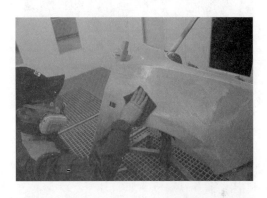

34 检查研磨后的效果。

137

35 用无纺布擦去被涂物表面的残留物。

 提示：

将工件表面的研磨膏颗粒清洁干净。

36 用吹枪将被涂物表面吹干。

37 在被涂物表面均匀地喷涂一层除油剂。

38 在除油剂未闪干前用无纺布将除油剂擦干。

39 检查研磨后的效果。

 提示：

仔细检查研磨后的表面，是否还有光泽、橘纹等。

40 面漆前处理完毕效果。

 提示：

（1）整个表面呈哑光状。
（2）中涂底漆与旧涂层过渡平顺、无台阶。
（3）中涂底漆层不得磨穿露出原子灰或钢板，如磨穿需重新喷涂中涂底漆。
（4）表面无油污等杂质。

喷涂技术——板块内过渡驳口喷涂 项目7

 整理工位。

提示：

操作结束后，将工具台面清洁干净，以备下个同学操作。

🌲 第二步　板块内驳口过渡喷涂（水性底色漆）

1 参训学生穿好喷漆服、安全鞋，将操作时用到的材料与工具整齐地摆放在操作台上并以跨立的姿势等待老师下达"开始操作"口令。

提示：

上实训课必须课前穿好实训服及安全鞋，做好操作前准备，有利于安全操作和提高工作效率。

 调整喷枪出漆量。

提示：

建议打开2圈（不同品牌涂料及喷枪，各参数调整有所区别，详见各产品说明）。

 将粘尘布充分展开。

 调整喷枪喷涂扇面。

提示：

建议打开3/4（不同品牌涂料及喷枪，各参数调整有所区别，详见各产品说明）。

3 用粘尘布粘去被涂物表面上的灰尘。

139

6 调整喷枪喷涂压力。

提示:

建议1.3~1.5bar（不同品牌涂料及喷枪，各参数调整有所区别，详见各产品说明）。

7 检查风帽是否在规定位置。

8 试枪检查喷枪是否调整合适。

9 喷涂第一层底色漆。

提示:

采用弧形喷涂的方法，在中涂底漆层上喷涂一个薄层。

10 检查第一层底色漆喷涂后效果。

喷涂技术——板块内过渡驳口喷涂 项目7

11 用吹风筒将底色漆吹干。

12 喷涂第二层底色漆。

提示：

（1）待第一层底色漆充分吹干后，便可喷涂第二道底色漆。

（2）喷涂范围超出上一层喷涂区域。

（3）同样在驳口处采用弧形喷涂的方法，使底色漆颜色渐淡过渡，从而使修补区与未修补区域的颜色浑然一体。

13 检查第二层底色漆喷涂后的效果。

提示：

要求中湿，将中涂层完全遮盖，边口过渡自然。

14 用吹风筒将底色漆吹干。

重新调整出漆量。

提示:

建议在喷第三层效果层时,将出漆量调整至1圈(不同品牌涂料及喷枪,各参数调整有所区别,详见各产品说明)。

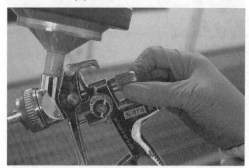

 重新调整喷涂扇面。

提示:

建议在喷第三层效果层时,将扇面全部打开(不同品牌涂料及喷枪,各参数调整有所区别,详见各产品说明)。

 重新调整喷涂气压。

提示:

建议在喷第三层效果层时,将气压调整至1.1~1.3bar(不同品牌涂料及喷枪,各参数调整有所区别,详见各产品说明)。

 喷涂第三层底色漆。

提示:

(1)在修补区域喷涂一个薄层,使银粉的颗粒更加闪烁,更加接近原厂涂装工艺。

(2)干喷,喷涂完毕后无光泽,呈哑光状。

喷涂技术——板块内过渡驳口喷涂 项目 7

  检查底色漆喷涂后的效果。

提示:

要求：修补区域与旧涂层融为一体，无明显修补痕迹。

  调整清漆喷枪出漆量。

提示:

建议打开 2.5 圈。

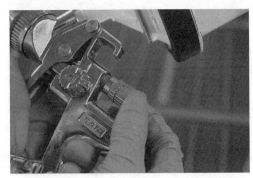

  调整清漆喷枪喷幅。

提示:

建议全部打开。

调整清漆喷枪喷涂气压。

提示:

建议调整至 2~2.5bar。

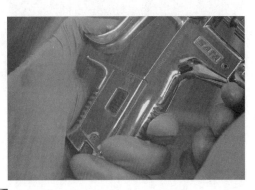

  喷涂第一层清漆。

提示:

为降低涂料用量，板块内驳口喷涂时第一层清漆的喷涂范围以遮盖修补区域的底色漆为主，不需要整板喷涂。

143

24 检查第一层清漆喷涂后效果。

要求中湿喷涂，有一定的光泽度，但不需要太亮。

25 喷涂第二层清漆。

（1）待闪干5min，手触清漆层不黏手，便可喷涂第二层清漆。闪干时间必须充足，否则容易出现起痱子、流挂等缺陷。

（2）要求对整板进行喷涂。

26 检查第二层喷涂后效果。

要求饱满度高、橘纹均匀、无流挂。

项目 7 喷涂技术——板块内过渡驳口喷涂

27 整理操作工位。

提示：

操作结束后，需及时清洁操作台面，以备下位同学练习。

五 教学评价

驳口前处理考核评分表（满分100分）（时间30min）

姓名_____   完成时间_____

考核时间	序号	项 目	配分	评 分 标 准	得分
30min	1	安全防护	18	未穿工作服（喷漆服）扣3分	
				未穿安全鞋扣3分	
				未戴防尘（毒）口罩扣3分	
				未戴护目镜扣3分	
				未戴工作帽扣3分	
				未戴棉纱（抗溶剂）手套扣3分	
	2	打磨中涂底漆、旧涂层	20	打磨前未检查旧涂层及中涂底漆喷涂状况扣2分	
				未磨涂炭粉扣1分，磨涂不够均匀扣1分	
				打磨头选择错误扣2分	
				砂纸型号选择错误扣2分	
				干磨机开启不正确扣2分	
				打磨时方法不正确扣2分（打磨头未平放、打磨头运行方向不折正确）	
				未使用菜瓜布打磨边角扣2分	
				菜瓜布型号选择不正确扣2分	
				旧涂层研磨砂纸选者错误扣2分	
				未除油扣2分	
	3	打磨后效果	50	中涂底漆区域还有橘纹扣2分/处，共10分，扣完为止	
				涂层区域还有橘纹扣2分/处，共10分，扣完为止	
				磨穿扣分5分/处，共15分，扣完为止	
				有打磨痕迹扣5分/处，共15分，扣完为止	
	4	5S	12	打磨完毕后物品未复位、台面未清洁扣1~12分	
		分数合计	100	实际得分	

驳口喷涂考核评分表（满分100分）（时间30min）

姓名_____   完成时间_____

考核时间	序号	项 目	配分	评 分 标 准	得分
30min	1	安全防护	18	未穿工作服（喷漆服）扣3分	
				未穿安全鞋扣3分	
				未戴防尘、防毒口罩扣3分	
				未戴护目镜扣3分	
				未戴工作帽扣3分	
				未戴棉纱、抗溶剂手套扣3分	

续上表

考核时间	序号	项 目	配分	评分标准	得分
30min	2	底色漆过度施工	14	喷涂前未粘尘扣2分	
				粘尘方法不正确扣2分	
				未调整出漆量或调整不正确扣2分	
				未调整喷幅或调整不正确扣2分	
				未调整气压或调整不正确扣2分	
				未进行试枪或试枪方法不正确扣2分	
				闪干时间不足扣2分	
	3	清漆施工	16	未调整出漆量或调整不正确扣4分	
				未调整喷幅或调整不正确扣4分	
				未调整气压或调整不正确扣4分	
				闪干时间不足扣4分	
	4	面漆效果	40	有修补痕迹扣1~20分，酌情扣分	
				底色漆发花扣1~10分	
				清漆流挂扣1~10分	
	5	5S	12	打磨完毕后物品未复位、台面未清洁扣1~12分	
	分数合计		100	实际得分	

六 知识拓展

(一) 损伤区与驳口的类型

根据损伤区位置不同板块内驳口工艺可以分为点修补和块修补。

点修补：底色漆过渡喷涂，清漆局部喷涂。
块修补：底色漆过渡喷涂，清漆整板喷涂。

(二) 板块间过渡喷涂作业施工工序

当汽车车身某一个板件损伤范围较大，或损伤区位于两个板块之间，为达到颜色的匹配，需要将底色漆颜色过渡到相邻板块，需做板块间的驳口修补。过渡喷涂时施工工序如下图所示。

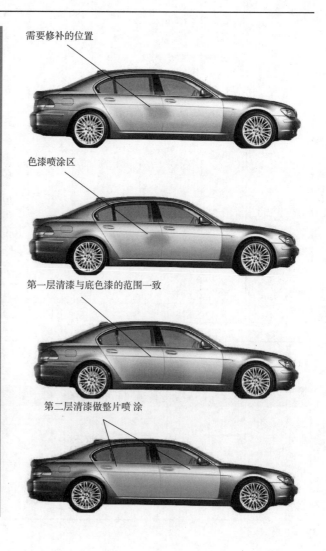

项目 8　颜色微调

一 学习目标

1. 了解颜色理论相关知识。
2. 了解颜色微调的流程。
3. 掌握利用不同工具获取汽车颜色的方法。
4. 掌握试板喷涂的要求与技能。
5. 掌握素色漆及简单金属漆颜色微调的技能。

二 情景导入

在汽车修补漆作业中，当面漆前处理全部完成后，在喷涂面漆前，为使汽车外观颜色恢复原有的色彩，需按照原车的颜色进行调配，才可进行面漆的施工。现有一辆蓝色的汽车，在规定的时间内，请以最经济的方式，按照规范的工艺，完成颜色的调配，要求颜色匹配准确。

三 知识链接

（一）概述

随着汽车行业的快速发展，汽车漆颜色种类及色彩特性也层出不穷，汽车制造商为了吸引消费者的眼球，开发出色泽艳丽、质感出众的色彩涂覆于汽车表面。如今，大部分汽车的颜色都被金属漆、珍珠漆所占据，素色漆的份额越来越小。

汽车漆的颜色通常由多种不同颜色的色母相互混合调配而成，且汽车在日常使用过程中，随着漆面老化、褪色等问题，汽车漆颜色也在不断地变化。这对从事汽车修补漆作业人员在颜色调配方面提出了更高要求。从理论上来说修补调色能达到与原厂漆颜色完全一致，但在实际操作中却存在一定的难度，涂料原材料不同、生产批次不同、操作人员不同等都会造成颜色的差异。但调配后的颜色必须与原厂漆颜色要达到一定接近程度才可通过喷涂技术来达到最佳的颜色效果。

调色是一种综合性的技能，它不仅要求作业者的眼睛要有敏锐的色感及辨色能力，更重要的是，根据你所看到现象，运用所学的颜色知识，选出正确的色母，完成调色工作。所以要成为一个合格的调漆工作者，必须要掌握颜色的基本理论知识、调色的基本规律和技能。

（二）颜色基础理论

1. 影响颜色的三个要素。

人们要感知到颜色，必须要具备三个要素：光源、观察者（眼睛）和物体。换言之，这也是我们看到和分辨出颜色必不可少的条件，缺一不可。

光源。光源一般指的是发光体，常见主要有太阳光、白炽灯、荧光灯等。太阳光是调色过程用到的最佳光源，其包含了所有的可见光，它是衡量其他光源的标准。通常车辆颜色多数情况下是在太阳光光线下被看到，所以在调色时应在太阳光的光线下进行颜色对比，尽量避免在雨天或阴天进行调色。由于每一天、同一天不同时段的光线都有强弱之分，建议在日出后 2 小时或日落前 2 小时进行调色作业。有条件的话也可使用专用的配色灯箱进行调色对比，以便正确地辨别颜色差异。

通常钣喷车间内使用的光源多为白炽灯和荧光灯，白炽灯光带有更多的黄光、橙光和红光，而荧光灯带有紫光和红光，在这些光源下进行颜色对比时会造成颜色调配不准确。

当一束白光通过三棱镜后会形成红、橙、黄、绿、青、蓝、紫的有色光带，这便是光谱，颜色从紫到红。人类的眼睛能看到光谱中波长在 380～780nm 的光线，我们常称其为可见光谱。

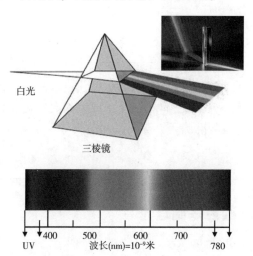

眼睛。人眼具有三种神经纤维：感红、感绿和感蓝，并由此合成多种色感。据有关数据表明，人的眼睛能辨别出 1000 万种颜色。视觉正常的人，可以用红绿蓝三原色光混合匹配出光谱上的各种颜色。但每个人眼睛对颜色的感受灵敏度都有差别。同样一个颜色，有些人感受到颜色会偏红，还有些会偏蓝。随着年龄的增长，眼睛的倦怠与病痛会影响人的色感。

有色觉缺陷的人不能分辨颜色，如色盲、色弱，均不适宜从事调色工作。据有关数据表明，女性从事调色工作较多，主要由于女性色盲的患病率低，且女性对颜色的辨认度比男性更加敏感。

物体。物体是观察的对象，当光源照射到物体表面上时，物体对照射到其表面的光线有反射、吸收、透射三种反应，从而将不同频率或波长反射到人眼睛。当我们看到一个有颜色的物体时，实际上是除了这种颜色外，这个物体将其他所有的光都吸收了，简单地说物体的颜色就是其反射光线色。例如当我们看到的物体是黑色时，说明该物体将所有的光吸收了；反之，当该物体反射了所有的光时，我们看到的是白色；当所有的光都透过这个物体时，那我们看到的是无色的透明体。

2. 颜色的三个属性。

通常人们按照他们视觉感受来描述一个颜色，经常听到这样的描述：宝石蓝、月光银、珍珠白等。但对于调色，这样的描述很难对该颜色有一个明确的定义，而且容易与其他颜色混淆。为了确定一个颜色，减少调色时混淆，用三个颜色属性特性来描述一个颜色：色相、明度和彩度。

色相。色相也称为色调，是指色彩的相貌，也是区别色彩的名称或色彩的种类，而色相与色彩的明暗无关。这一个特性使我们可将物体描述为红色、橙色、黄色、绿色、蓝色、紫色，色彩中最基本的颜色是红色、黄色、蓝色（颜色混合原理），它们也称为"三原色"或"三基色"。三原色无法通过其他颜色混合而获得，而其他颜色都可以用这三种颜色通过不同比例而混合而获得。在修补漆行业配色中我们使用的是减色混合原理，通过减色混合，三原色可以产生次级色，次级色则可以再生三级色。

次级色：由任意两个原色组成。

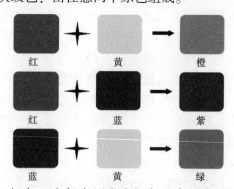

三级色：由任意两个次级色混合组成。

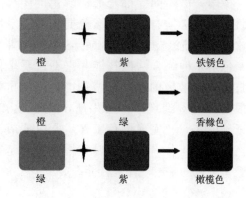

将这些显著不同的色相相互排列可以组成一个色环，沿着色环的周边每向前一步，色相都会产生变化。

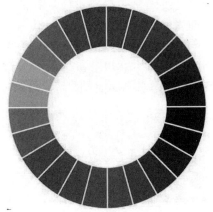

互补色：在色环中，两个相互对应的颜色叫作互补色。如果互补色相加，将减弱对方颜色，变灰，变黑。

由以上多图可知，当混合的基色越多，颜色就变得更深更浑浊。当三原色等量相加后则会变为黑色。

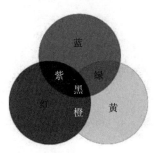

红+黄+蓝=黑

明度。明度是指色彩的明暗深浅程度，明度的深浅，要看其接近白色或灰色的程度而定，越接近白色明度越高，越接近灰色或黑色，其明度越低。它的定义为反射光的总量与入射光的总量之比。

浅　　　明度　　　深

彩度。彩度指颜色的鲜艳程度，也称为色彩的饱和度。比较彩度一般需要在同一色相和明度的颜色下比较。彩度常用高、低、鲜艳、浑浊来描述，彩度越高，色越纯，越艳；彩度越低，色越涩，越浊。

高　　　彩度　　　低

(三) 汽车颜色获取

目前，汽车修补漆颜色获取的方法有很多，常见的有盲调（凭经验）、色卡对比法、查找原车涂料颜色编号及使用测色仪辨别原车颜色等。

盲调。该调配方法在市面小规模的调漆店最为常见，为汽车修补漆调漆最高境界，就是依据配色规律和长期积累的经验，识别出原车颜色是由哪种主色和哪几种副色组成，配比大约是多少，操作者应具备丰富的调色经验。但通常这种调配出来的漆颜色匹配度不高，容易出现同色异构现象，该方法一般用于对涂装质量要求不高的车身部位。

色卡对比法。色卡对比法是使用专用比色卡组与原车颜色进行反复对比，找出与原车颜色最接近的色卡。特别要注意，比色时必须在光线充足的地方或标准的光源下进行。同时，为了避免因色卡与车身比色区域的面积大小不同而产生的视觉误差，可将原车的比色区域遮盖，留出一块与色卡面积相同的缺口。

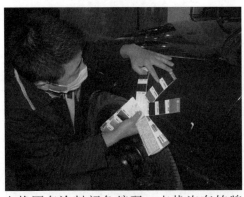

查找原车涂料颜色编码。查找汽车铭牌上的

色号，通过涂料供应厂商的配方光盘或网络在线查色以获取原车的颜色配方。大部分乘用车车身都印制有一个颜色编号的漆码，通过漆码可以获得原厂漆颜色。通过涂料供应厂家提供的原厂色配方以减小修补色与原车色的差别。

测色仪辨别原车颜色。测色仪是专门分析车身涂层颜色的电子装置，主要由光源、单色器、积分球、光电桥检测器及数据处理器等组成，可以测出涂层的光谱反射率曲线，通过库贝尔卡－芒克配色理论计算出涂层颜色的三要素值（色调、饱和度、明度），再由计算机配色软件进行配色。

（四）调色流程

作为汽车修补漆工艺中最难的调色作业，为使调配后的颜色尽可能地接近原车，在作业时必须要规范操作，严格遵守调色时各注意事项。下图为调色作业的基本流程图。

步骤一：确定原车颜色配方。

在实际调色过程中，根据车漆不同情况选择不同的配方查找方法，通常待修补车辆还是原厂漆时，用查找车身颜色代码来确定初始配方更为准确；如汽车漆已经有过修补或找不到颜色代码时，用色卡对比找出最接近的色卡颜色来确定初始配方较为方便；当无法用前两种方法获得初始配方的时候，便可用测色仪检测以获得初始配方。

步骤二：获得初始配方。

车身颜色代码。在涂料供应厂家的官方网站或配方查询光盘查询，即输入车色代号、汽车生产商、生产年份、车型等信息，便可快速地找到修补车辆的颜色配方。以此配方作为起点，进行颜色微调，可以节省很多时间。

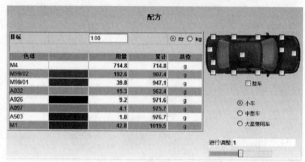

色卡。多数色卡都有编号，可直接在涂料供应厂家提供的软件中输入即可获得颜色配方；部分涂料品牌在色卡背面就写有配方。

步骤三：喷涂试板。

喷涂试板非常的重要，可大大降低颜色的不准确性。金属漆在干、湿两种状态下会存在颜色不一致的现象，水性漆变化更大，不同的设备、不同的施工工艺都会造成颜色不一致，故需按标准工艺喷涂试板，在试板干燥的情况下进行比色；相较金属漆，素色漆不存在正/侧面的变化，且喷涂工艺对颜色影响不大，可通过试板施涂的方法进行比色。通常金属漆干燥后颜色会变浅，素色漆干燥后颜色会变深。在制作喷涂试板时要注意以下几点：

（1）试板的面积大小合适，通常尺寸是10cm×15cm。

（2）喷涂试板时应采用不同的喷涂方法，以衡量能否通过调整喷涂手法使颜色相匹配，但必须保证喷涂车身能够采用同样的喷涂方法，即喷涂试板的方法与喷涂车身的方法必须保证一致，喷涂工具也必须一致。

步骤四：对比颜色。

将喷好的试板干燥后与车身做比较，颜色符合就可施工，颜色不符合就要进行微调，对色时要注意以下几点：

（1）将车辆停在光线充足的地方进行比色，避免出现条件等色，一般在实际调色中通常在厂房内和厂房外两个地方比色。

（2）观察颜色的角度将影响比色、调色的精确度。比色时应从多个角度观察，从正、侧面分析颜色是否一致。微调时，正、侧面只能保证某一面颜色一致时，应尽量选择侧面的颜色一致。

（3）比色时，充分考虑影响修补区域的因素：老化、失光、氧化等。一般在比色前先将修补区周围漆面抛光。

比色工序在微调前非常的重要，只有在比色过程中准确地发现配方板与车身颜色的差别，才可为微调提供依据。以下面两块试板为例，其中目标板表示汽车车身的颜色，配方板表示配方查询的颜色。根据颜色的三个属性分别对比两块色板在色调、明度、彩度上的差异，金属漆还需考虑从正面、侧面观察三个属性及金属颗粒的变化。而素色漆通常不考虑正、侧面的变化。

目标板

配方板

色调方面，通常可以用偏红、偏橙、偏黄、偏绿、偏蓝、偏紫来描述两个色板之间的差异。通常一个颜色只偏向色环中相邻的两个色相。如红色，偏橙或偏紫；黄色，偏橙或偏绿。但对于像白色、黑色、银白等无彩色，在色调上可以偏向任何一个颜色，故在调色过程中这些颜色最难调。

明度上，通常可用更深、更浅、明度高、明度低，来描述两块色板之间的差异。

彩度上，通常可用鲜艳、浑浊、干净、脏，来描述两块色板之间的差异。

为方便微调，我们可以用一个表格来记录观察的结果。

素色漆比色观察记录表

颜色编号	××××				
观察：比较配方颜色与车身颜色					
目标板比配方板：					
色相：<u>偏蓝</u>（偏红、偏紫、偏绿、偏橙、偏黄）					
明度：<u>明度高</u>（明度低）					
彩度：<u>浑浊</u>（鲜艳）					
色母代号	给予配方0.1L	试验配方1	试验配方2	试验配方3	最终配方
色母1					
色母2					
色母3					
色母4					

金属漆观察记录表

颜色编号	××××				
正面观察：比较配方颜色与车身颜色					
目标板比配方板：					
色相：<u>偏蓝</u>（偏红、偏紫、偏绿、偏橙、偏黄）					
明度：<u>明度高</u>（明度低）					
彩度：<u>浑浊</u>（鲜艳）					
颗粒：<u>颗粒大</u>（颗粒小、相似）					
侧面观察：比较配方颜色与车身颜色					
目标板比配方板：					
色相：<u>偏蓝</u>（偏红、偏紫、偏绿、偏橙、偏黄）					
明度：<u>明度高</u>（明度低）					
彩度：<u>浑浊</u>（鲜艳）					
颗粒：<u>颗粒大</u>（颗粒小、相似）					
色母代号	给予配方0.1L	试验配方1	试验配方2	试验配方3	最终配方
色母1					
色母2					
色母3					
色母4					

步骤五：颜色微调。

在确定两块色板之间的差异后，便可进行微调。通常有两种微调的方法：减量法和加量法。

减量法：根据初始配方，减去配方中某些色母的质量进行颜色调整。

加量法：根据初始配方，向涂料中添加所需的色母进行颜色调整。

当配方板比目标板更深、更浑浊时，可采用减量法进行微调；反之，可采用加量法进行微调。

如上图两个色板，需采用加量法进行微调。目标板缺什么就加什么，先调整三个属性中最明显的色调属性，需添加蓝色色母。当蓝色色母添加后，不但改变了色调，饱和度和明度也会作相应的变化，再进行试板喷涂、比色、微调循环作业，直至颜色接近。

配方板　　差异板1　　差异板2　　目标板

（五）调漆设备、工具介绍

电子秤。在调漆作业中，需要用到电子秤对各个色母进行称量，以达到调色的准确性。同时有些使用质量比调配的双组分涂料也需使用电子秤称量来添加固化剂、稀释剂。使用电子秤时要注意水平放置，避免高温、振动；使用结束后要及时清洁，定期校准。

调漆机。调漆机又称搅拌机，操作简单，使用方便，只要按下电钮，搅拌头就会按设定的时间进行转动，使每种色母在漆罐中得到均匀搅拌，便于使用，根据不同涂料供应商有不同型号和搅拌头的调漆机。

比色灯箱。又名标准光源对色灯箱，在灯箱内装有若干种光源，灯箱内壁为中灰色的哑光面。通常在阴天、雨天、室内及光线不好场合调色时，可用比色灯箱内模拟日光的D65光源来进行对色。

色母挂图。色母挂图又称"色母特性表"，指由汽车修补漆涂料供应商提供，是表现色母特性的色卡。各个供应商所提供的色母挂图都有所不同，但目的都是为了让调色人员能够明了、直观地了解该品牌色母的特性，方便调色。通常在挂图上能找到一些信息，如纯色色母的颜色；纯色色母与白色色母按一定比例混合后的颜色；纯色色母与银粉、珍珠色母按一定比例混合后的颜色；银粉色母、珍珠色母颗粒的大小；纯色色母在色环中的位置等。

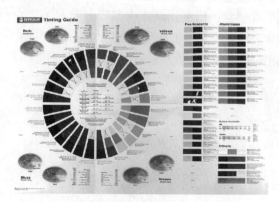

干燥箱。调色时，需要喷涂多张比色试板，如干燥不充分，就不能实现正确的颜色对比。为了缩短干燥时间，可用干燥箱对其强制干燥。通常采用电加热的方式，用鼓风机循环吹出热风。

四 项目实施

(一) 技术标准与要求

1. 安全防护用品穿戴正确。
2. 初始配方索取方法正确。
3. 计量色母方法正确。
4. 喷涂试板、比色方法正确。
5. 查看色母挂图并合理添加色母。
6. 喷枪选择正确。
7. 底色漆调配比例正确,清漆调配比例正确。
8. 废弃物正确处理。
9. 安全操作。

(二) 实训时间

60min。

(三) 实训器材

电子秤

试板干燥箱

烤漆房

空气压缩机

标准光源灯箱

吹风筒

喷枪

测色仪

防护用品

色母

调漆杯

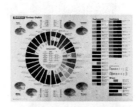
色母挂图

(四)教学组织

1. 教学组织形式：本课程为"工艺化"实训课，实训教师 1 名，学生 24 名，实训室共有 6 个实训工位，按照 4 人 1 个工位编组。
2. 学生的站位分工和要求：学生按规定的工位站立，按教师的指令同时进行独立的操作。
3. 实训教师职责：播放教学视频，并讲解实训项目的操作步骤和相关的注意事项；下达"开始操作"口令；巡视、检查、指导和纠正学生操作中的错误；课堂总结；组织学生对实训室进行清洁整理。
4. 学生职责：认真观看教学视频；完成教师布置的任务；做好课后的清洁整理工作。

(五)操作步骤

操作前准备

参训学生穿好喷漆服、安全鞋，将操作时用到的材料与工具整齐地摆放在操作台上，并以跨立的姿势等待老师下达"开始操作"口令。

提示：

上实训课必须课前穿好实训服及安全鞋，做好操作前准备，有利于安全操作和提高工作效率。

♣ 第一步 颜色获取

 清洁标准样板。

提示：

（1）调色前必须清洁目标板，以提高颜色的准确度。

（2）实际调色时，遇漆面有老化现象时，要对漆面进行抛光作业，恢复其原始颜色与光泽后再进行调色。

 用测色仪进行检测。

提示：

（1）根据测色仪的使用说明，先进行校准，后进行测色。

（2）在目标上选取 5 个点进行测色，以提高颜色的准确度。

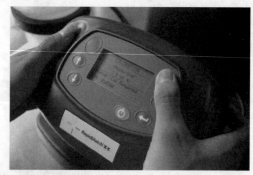

 读取颜色信息。

提示：

将测色仪连接电脑后，通过供应商的配方光盘，读取标准板的差异配方。

颜色微调 项目8

4 记录差异色配方。

提示:

（1）选择颜色最接近（△E值最小）的配方并作记录。

（2）配方如下： 8916　50g
　　　　　　　　 8985　17.7g
　　　　　　　　 8957　12g
　　　　　　　　 8902　8.2g
　　　　　　　　 8920　2.6g
　　　　　　　　 8991　2.3g

5 准备色母。

提示:

根据差异配方信息，找出色母。

6 将色母整齐地摆放在调漆操作台上。

第二步　根据配方倒漆

1 穿戴防护用品。

提示:

调漆作业，操作要领详见项目1。

2 将调漆杯放置电子秤上。

提示:

（1）注意电子秤平稳摆放。
（2）保持电子秤清洁。

3 根据所查配方量将各色母倒入调漆杯中。

155

提示：

(1) 倒漆前，左右轻晃几下。

(2) 每次倒漆后需清洁浆盖出漆口，以方便下次使用。

4 用调漆尺将色漆搅拌均匀。

🌲 第三步　喷涂配方试板

1 倒出适量的底色漆喷涂配方试板。

提示：

(1) 由于水性漆干、湿颜色差异变化较大，故需喷涂试板进行比色。

(2) 此板喷涂后便是测色仪所检测出的颜色。

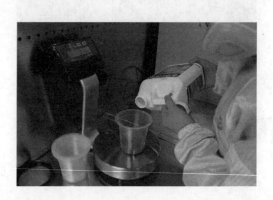

3 用比例尺将底色漆搅拌均匀。

2 按规定比例倒入稀释剂。

装上喷枪。

提示:

喷涂水性漆时,请选用专用水性漆喷枪。

 调配适量的清漆。

提示:

详见面漆喷涂作业中清漆的调配。

 将喷涂试板贴在底板上。

提示:

水性漆用喷涂试板应使用喷涂环氧底漆、中涂底漆的铝板或防水卡纸(本操作使用的是防水卡纸)。

 调整喷枪出漆量、喷幅、气压三个参数。

提示:

各调整参数与修补喷涂时一致,详见面漆喷涂时,喷枪调节。

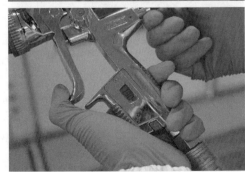

8 做喷幅测试。

9 在试板上喷涂第一层底色漆。

提示：

要求、方法与修补喷涂一致，详见面漆喷涂。

10 检查第一层底色漆喷涂后效果。

11 用吹风筒将底色漆吹干。

12 检查吹干后的效果。

13 在试板上喷涂第二层底色漆。

提示：

要求、方法与修补喷涂一致，详见面漆喷涂。

 检查第二层底色漆喷涂后的效果。

 用吹风筒将底色漆吹干。

 检查吹干后的效果。

 喷涂效果层，重新调整喷枪。

提示:

要求、方法与修补喷涂一致，详见面漆喷涂。

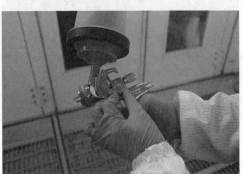

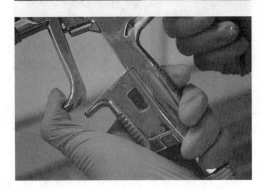

 在试板上喷涂第三层，即效果层。

提示:

要求、方法与修补喷涂一致，详见面漆喷涂。

19 检查喷涂后效果。

 20 喷涂清漆前调整喷枪。

提示:

要求、方法与修补喷涂一致，详见修补喷涂。

 21 喷涂清漆。

提示:

（1）待底色漆完全闪干后，便可喷涂清漆。

（2）要求、方法与修补喷涂一致，详见修补喷涂。

22 检查清漆喷涂后的效果。

 23 取下配方试板。

提示:

（1）喷涂试板的底板尺寸不得小于30cm×40cm。

（2）喷涂试板所用的喷涂工具与修补时相同，这样可以避免由工具不同而产生颜色不一致。

（3）喷涂试板的工艺、方法与修补时相同，这样可以避免由操作工艺不同而产生颜色不一致。金属漆干喷、湿喷也容易造成颜色深浅不一致。

（4）将喷涂试板贴置于底板中间位置，喷涂整个底板，以底板中间试板的颜色进行比色，最为准确。

项目 8 颜色微调

24 将喷涂后配方试板放置于干燥箱进行强制干燥。

第四步 配方试板与目标板颜色对比

1 待配方试板干燥后，即可与目标板进行对比。

 提示：

（1）尽量在自然光下进行比色。

（2）如操作车间光线不佳，可到室外进行比色；如在室内，应背对光源，让光线照射在试板上进行比色。

（3）比色时建议两块色板不要重叠，也不要太分开，以免影响颜色观察。

（4）对比两块色板时，要求观察距离、角度、必须一致，以免影响判断。

（5）金属漆在对色时需分别从正面、侧面观察配方试板与目标板在色调、彩度、明度、金属颗粒上的变化。

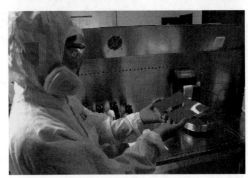

如室内与室外光线都不佳，可借助标准光源灯箱，在 D65 光源下进行对色。

提示：

（1）本实操配方板与目标板比色后结果如下。

正面	色调	目标板比配方板更蓝、更绿
	明度	目标板比配方板更深
	彩度	目标板比配方板更艳
	颗粒	目标板与配方板相似
侧面	色调	目标板比配方板更蓝、更绿
	明度	目标板比配方板更深
	彩度	目标板比配方板更艳
	颗粒	目标板与配方板相似

（2）通过对比后发现，目标板与配方板在色调上面变化较明显，故先调整色调，调整后再查看明度、饱和度上的变化，再做调整。

色调方面分析需添加蓝色色母，同时在添加蓝色色母后，在明度、彩度上都会有一定程度的变化，颗粒不变。

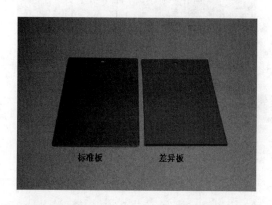

🌲 第五步　颜色微调

1 查看色母挂图。

（1）在进行微调前需充分利用涂料供应商提供的色母特性图，查看配方中各色母的属性。经查看配方中各色母特性如下：

8916——蓝色色母，正面偏紫，侧面偏绿。

8985——银粉，正面深，侧面浅。

8957——蓝色色母，正面偏绿，侧面偏绿。

8902——白色色母，正面暗，侧面浅。

8920——紫色，正面紫，侧面黄。

8991——空色剂，正面深，侧面浅。

注：正/侧面的变化通常指该色母添加到银粉漆或珍珠漆中，会使正、侧面上该银粉漆或珍珠漆在色相、明度、彩度上发生变化。

（2）通过第四步对色分析，判定先添加蓝色色母。通过第二步得知，在此配方中有两个蓝色色母，分别是 8916、8957。再通过色母特性图查看两个色母在色环中的位置，确定添加 8957。

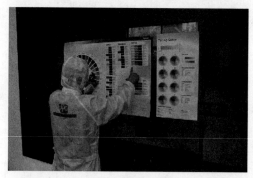

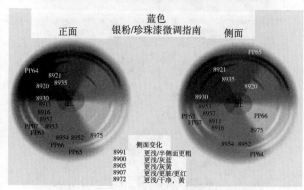

2 添加微调色母。

 提示:

（1）通过比色，确定目标板与配方板的差异，然后通过各色母的特性图，了解各个色母的特性，判定需添加色母8957。

（2）根据目标板与配方板的差异程度，预添加20%原配方中色母8957的量。

（3）尽量在配方内选择色母进行微调，以免出现条件等色。

3 记录添加量，以统计出微调配方。

4 按比例添加稀释剂。

5 装上喷枪。

🌲 第六步　喷涂微调后的试板

1 将喷涂试板贴在底板上。

2 调整喷枪。

 提示:

与第三步中的操作相同。

 再次喷涂微调后的试板。

提示：

与第三步中的操作相同。

 取下试板，放入干燥箱干燥。

第七步　微调后配方板与目标板对比

 对比微调后的配方板。

提示：

（1）对比时方法、要求与第四步相同。

（2）对比微调后的配方板与目标板，查看微调后的板是否比未微调的配方板更接近目标板。由于没有添加银粉，故在第四步对色的基础上，不需要考虑银粉的颗粒，只需考虑色调、明度、彩度三个属性。

（3）通过对比发现，微调后的配方板比未微调的配方板更接近目标板，故可判定，添加色母8975是正确的。加入8957后，从正/侧面观察，不仅在色调上变动更蓝、明度上有加深、彩度变得更鲜艳。

（4）如发现在色调上接近后，在明度、彩度上还存在一定差异，那就要考虑添加银粉、黑色色母来调整深浅。

（5）重复第四步~第六步直至颜色调整接近为止。

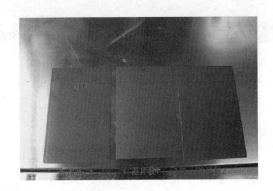

 整理操作工位。

提示：

操作结束后，需及时清洁操作台面，以备下位同学练习。

五 教学评价

调漆评分表（满分100分）（时间50min）

姓名_____   完成时间_____

考核时间	序号	项 目	配分	评分标准	得分
50min	1	安全防护	12	未穿工作服（喷漆服）扣2分	
				未穿安全鞋扣2分	
				未戴防毒口罩扣2分	
				未戴护目镜扣2分	
				未戴工作帽扣2分	
				未戴抗溶剂手套扣2分	
	2	调配过程	30	颜色索取不正确扣3分	
				计量色母不正确扣3分	
				电子秤操作结束后未及时关闭扣3分	
				水性漆进行干、湿对色；油性漆未打试板前进行干、湿对色扣3分	
				喷涂试板前未调整喷枪扣3分	
				喷涂试板方法不正确扣3分	
				未在干燥后进行对色扣3分	
				未在多种光源下进行对色扣3分	
				比色方法不正确扣3分	
				未记录添加到色母扣3分	

续上表

考核时间	序号	项 目	配分	评分标准	得分
50min	3	调配后效果	50	色母选择不正确扣10分	
				试板缺陷扣10分	
				测色仪测△E2.0以下扣10分，测色仪测△E2.0~4.0扣15分，测色仪测△E4.0~6.0扣20分，测色仪测△E6.0~8.0扣25分，测色仪测△E8.0以下扣30分	
	4	5S	8	调配完毕后物品未复位、台面未清洁扣1~8分	
	分数合计		100	实际得分	

六 知识拓展

(一) 条件等色

1. 定义。

条件等色又称为同色异构现象，当两个颜色在某种光源下看起来完全相同，但在另一种光源下看起来却不一样。在调漆过程中应避免该现象出现。

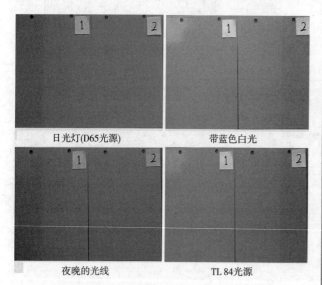

日光灯(D65光源)　　带蓝色白光

夜晚的光线　　TL 84光源

2. 形成原因。

涂料的颜色是通过颜料来实现的，但不同的颜色具有不同的吸收和反射光的能力，所以，调色的实质是在一定的光源条件下，筛选组合不同的颜色，确定它们的质量和比例，从而使混合后的涂料，在该光源下反射出类似于原色所具备的色光性。在实际调色时，同一种颜色，可以用不同组合和比例的色母调配出近似的色彩，在某种光源下，能达到修补的要求，即配方不同颜色相同。但是，把这两种不同配方的颜色置于其他光源下，颜色的差异就显现出来了。

3. 如何防止产生条件等色。

在微调对色时，使用标准光源灯箱，在至少两种以上的光源下进行色彩对比，如果在两种光源下，色漆颜色都相同，基本可以排除条件等色。

通常出现条件等色现象是在微调时采用了不是配方内的色母，所以在微调时，仅在原配方内的色母进行添加或减少，就可避免出现条件等色。

(二) 调色失败原因分析

(1) 原车面漆已经褪色。如果仅以汽车的颜色代码为标准调色，而未考虑到原车身颜色的变化，如褪色或已不是原车涂膜（修复过）等，就会使修补区与原车表面出现明显的色差。所以，比色时应以原车颜色为主，并仔细比对、调配。如果出现的色差很小，也可以采用扩大修补面积的办法来弥补。

(2) 比色前的表面准备不充分。色卡与原车颜色比对前，一定要清洗打磨抛光，消除原车旧涂层上的粉尘、车蜡及浅划痕。比色应在光线充足的条件下进行，且比色的面积最好与色卡相同。如果需修补的是车身外表的某个区域，而比色的却是油箱盖或其他隐蔽处，色卡比对可能会出现误差，那么调色将可能失败。

(3) 色漆未搅拌均匀。按照配方把各色漆混合后，必须搅拌均匀，特别是金属涂料。如果搅拌不均匀，修补色漆中的颜料、金属闪光片或珠光颜料会残留在罐底，导致调色失败（色差、色不均、色斑等）。

（4）比色时涂膜未干燥或厚度不一致。知识链接中提到的几种比色方法，最好使用喷涂试板对比法，这样涂膜干燥后可与原车涂层在相同状态下进行对比。

（5）稀释剂的用量不准确。如果稀释剂过多，会使涂膜颜色变浅或降低饱和度。

（6）喷涂施工方面的因素。喷枪未清洗干净而产生的颜色污染；施工环境的湿度过大而产生"发白"，使喷涂区与原车表面出现色差；涂料的施工黏度、喷涂气压、喷枪的移动速度等对颜色的影响也是非常大的。

正确的调漆方法如下图所示。

(三) 拓展训练

图中白车的右后部需修补。对于调色工作，请指出其中的 7 个错误。

参 考 文 献

[1] 中国汽车维修行业协会. 车身涂装（模块 G）［M］. 北京：人民交通出版社，2008.
[2] 中国汽车维修行业协会. 车身涂装［M］. 2 版. 北京：人民交通出版社，2014.
[3] 葛建峰. 汽车喷漆常见维修项目实训教材［M］. 北京：人民交通出版社，2011.